なぜ、間違えたのか?

誰もがハマる 52の思考の落とし穴

ロルフ・ドベリ
中村智子 訳

サンマーク出版

はじめに

すべてのはじまりは、2004年の秋だった。

ある晩、わたしは出版社のオーナー、フーベルト・ブルダ氏から招待を受け、ミュンヘンで行われた「知識人の気のおけない交流会」という集まりに参加した。それまで、わたしは自分のことを「知識人」と思ったことはなかった（わたしは大学で経営学を専攻し、企業家になった――つまり、知識人とは無縁だった）。だが、わたしが書いた小説が2冊刊行されたことから、知らぬ間に「知識人」の仲間入りをしていたらしい。

この集まりの中に、当時は怪しげに思っていたウォール街のトレーダーの1人で、哲学に精通しているナシーム・ニコラス・タレブ氏がいた。主催者は、わたしのことを、イギリスとスコットランドの啓蒙《けいもう》主義の専門家で、とりわけデイヴィッド・

ヒューム（スコットランド出身の哲学者）に詳しい人物、と紹介した。明らかに誰かと間違えられていた。だが、わたしは何も反論せずに、その場にいた人たちに向かってあいまいに微笑《ほほえ》んだ。

するど、このときに口を閉ざしたことによって、わたしはいかにも哲学者っぽく見えたのだろう。タレブ氏はすぐに、近くにある椅子を引き寄せ、わたしに座るよう促した。幸いなことに、少しばかりヒュームの話をしただけで、話題は、なんとかわたしにもついていけるようなウォール街のことへ移った。

タレブ氏とわたしは、企業の最高経営責任者（ＣＥＯ）がくり返しおかしてしまう間違いについて楽しく語り合った。ありえないと思う出来事でも、あとになって振返ると、それが起きたことが必然だと思えてしまうのはなぜか？　また投資家たちは持ち株が購入価格を下回ると手放せなくなるのはなぜか？　そういった話をして、笑い合った。

しばらくすると、タレブ氏が原稿を送ってきた。それは、のちに世界的ベストセラーとなる彼の著書『ブラック・スワン』（ダイヤモンド社刊）の原稿だった。わたしはそれを読み、自分の意見を述べ、部分的には批判もした。この本が刊行されると、タレブ氏は一躍有名人となり、世界の著名な知識人の仲間入りを果たした。

わたしは、タレブ氏に触発され、一定の手続きを踏まずに直感的に行われる解決方法（思考の近道）と、決定を下す際に起こる判断の偏りという思考の落とし穴についての書籍をむさぼり読んだ。それから何年も経ち、わたしは作家と企業家を並行して続けながらも、認知心理学の勉強を始めた。


本書では「思考の落とし穴」という言葉を用いているが、これは、合理的に考えたり、論理的で理性的な行動をとろうとしたりするときに、一定の法則にしたがって陥る推論の誤りのことである。

わたしたちはよく、誤った判断を下してしまう。たとえば、自分の知識を過小評価するよりも過大評価することのほうがはるかに多い。何かを失う危険があるときもそうだ。何かを手に入れるときよりも、失う危険があるときのほうが、はるかに素早く反応する。このような傾向を知っていると、自分の行動がどんな間違いにつながるかを予測できるようになる。

執筆活動とビジネスを通じてせっかく築き上げた蓄財を、簡単に失わないようにするために、わたしはこうした「思考の落とし穴」を、個人的なエピソードとともにリストにまとめあげた。

だが、それを出版しようなどとは思ってもいなかった。自分のためだけに書いたのだ。はじめは、このリストを個人的な投資に役立てるために使っていたのだが、しばらくしてから、ビジネスにもプライベートにも利用できることに気づいた。そしてこのリストのおかげで、わたしは冷静に行動できるようになった。

「思考の落とし穴」を自覚していれば、大きなダメージを受けるのを防げるようになり、手遅れにならない。また、他人が賢くない行動をとっていることにすぐに気がつくようになり、相手にどのように接したらいいのかがわかる。自分にとって有利な決断を下せるようにもなった。なにより、考え方のワナである不合理の怪物を追い払うことができた。

わたしはいつも、こうしたワナに関する専門書や解説書を手元に用意していた。避雷針が発明されたことで、稲妻や雷鳴そのものはなくなりもしないし、少なくもならないものの、人々の雷に対する不安が小さくなったように、こうしてわたしも、不合理の怪物の存在を理解したことで、楽に行動できるようになった。

その後、友人に、「思考の落とし穴」について話したところ、誰もがわたしのリストに興味を示しはじめた。それが、ドイツの「フランクフルター・アルゲマイネ・ツァイトゥング」紙とスイスの「ゾンタークスツァイトゥング」紙のコラムの連載や、数えきれないほどの講演につながり、本書が生まれたのである。

本書を読んだからといってすべてがうまくいくようになるわけではない。だが少なくとも、自ら招く恐れのある大きな災いに対する保険ぐらいにはなるだろう。

ロルフ・ドベリ

なぜ、間違えたのか？

目次

思考の落とし穴 1

生き残りのワナ

なぜ、「自分だけはうまくいく」と
思ってしまうのか?

歌手やロックスターは世の中にあふれている。テレビに出演し、雑誌の表紙を飾り、コンサートのパンフレットやインターネットにも姿を見せ、彼らの歌を耳にしない日はないぐらいだ。ショッピングセンターやジムでも同じ曲が延々と流れる。そう、ロックスターたちはすぐそこにいる。大勢いる。しかも成功している。

ある日、ある青年が、そうした花形ギタリストたちの成功に励まされ、自分のバンドを結成することにした。はたして彼は成功するだろうか？　残念ながら、その可能性はゼロに近いだろう。多くの挑戦者と同じように、彼もおそらく、挫折したミュージシャンの墓場に埋葬されることになるからだ。

こうした墓の数は、第一線で活躍しているミュージシャンの1万倍も存在する。だがマスコミは、落ちぶれたスターならともかく、ただの挫折者にはまったく興味を示さない。こうした墓場が一般人の目にとまることはないのだ。

日常においては成功が失敗よりもはるかに目立つために、成功への見通しを甘く見て過大評価してしまう。このことを、「生き残りのワナ」と呼ぶ。その世界の内側の様子を知らない一般人は、彼のように錯覚を起こす。成功の可能性がごくわずかしかないということを見誤ってしまうのだ。

ロックスターに限らない。売れっ子作家1人の陰には、本が売れなかった作家が100人存在する。売れなかった作家1人の陰には、自分の本を出してくれる出版社を見つけられなかった人がこれまた同じく100人いる。そしてさらに、出版社を見つけられなかった人たちひとりひとりの陰に、書きかけの原稿を引き出しにしまったままの人がそれぞれ100人ずつ控えている。

しかし、わたしたちの耳には成功談しか届かないので、作家として成功を収めることがどれほど難しいことであるかには気がつかない。同じことは、カメラマン、企業家、芸術家、スポーツ選手、建築家、ノーベル賞受賞者、テレビ司会者、ミスコンの優勝者といった人たちにも当てはまるだろう。メディアは、挫折者の墓を掘りおこすことにはあまり関心がない。それはまたメディアの役割でもない。となると、「生き残りのワナ」にハマらないようにするにはあくまで自分自身で気をつけるしかない。

「生き残りのワナ」は、金銭的な問題としてあなたに襲いかかってくることもあるかもしれない。たとえば、友人が会社を立ち上げようとしている。その会社への投資者の候補にはあなたも含まれている。そのときあなたは、「これぞチャンス！」と感じるかもしれない。この会社は第2のマイクロソフト社になると期待するかもしれない。

それほどの幸運を手にするかもしれないのだ。

ところが、現実はどうだろう？　もっとも可能性の高いシナリオは、その会社がスタートを切ることさえできないというものだ。次に高い可能性は、3年後に会社が倒産すること。3年間生きながらえたとしても、おおかたの会社は従業員10人以下の中小企業へと縮小しているだろう。結論として言えることは、あなたはメディアに登場するような成功物語に目がくらんでいただけということだ。

では、リスクをおかさないほうがいいということだろうか？　いや、そうではない。ただし、「生き残りのワナ」という名の小さな悪魔が、成功の可能性を歪めて見せていることがある、ということだけは意識して行動しなければならない。

アメリカの代表的な株価指数、ダウ平均株価を例にとってみよう。上場しているのは「生き残り」会社だけである。株価指数には、失敗したり、大きく成長しなかったりした会社、つまり大多数の会社は含まれていない。株価指数は決して、それだけで一国の経済を代表するものではない。メディアがミュージシャン全員について報道していないのと同じである。ベストセラー本に書いてあることや、成功を収めたコーチングセミナーのトレーナーの言うことについても、疑ってかかったほうがいい。というのも、失敗した人は、自分の失敗について本を書いたり、講演をしたりはしないからだ。

もし自分が「生き残り」組のほうに属しているときには、この「生き残りのワナ」に慎重にならなくてはならない。成功が偶然の産物だったとしても、あなたはほかの成功者たちとの共通点を見出し、そのことを「成功の要因」として説明するだろう。しかし、挫折者が眠る墓場を訪れてみれば気づくはずだ。うまくいかなかった人も、そのほとんどが「成功の要因」と思われるものはすべて試してきたという事実に。

まとめてみよう。**「生き残りのワナ」とは、成功の可能性を知らず知らずのうちに過大評価してしまうことだ。それを防ぐ方法は、かつては有望視されていたプロジェクトや投資、輝かしい経歴をもった人々が眠る「墓場」を、できる限り何度も訪れてみること。**悲しい散歩だが、そこから学ぶことは多いだろう。

思考の落とし穴 2

スイマーズボディ幻想のワナ

なぜ、水泳をすれば水泳選手のような
体形になれると考えるのか?

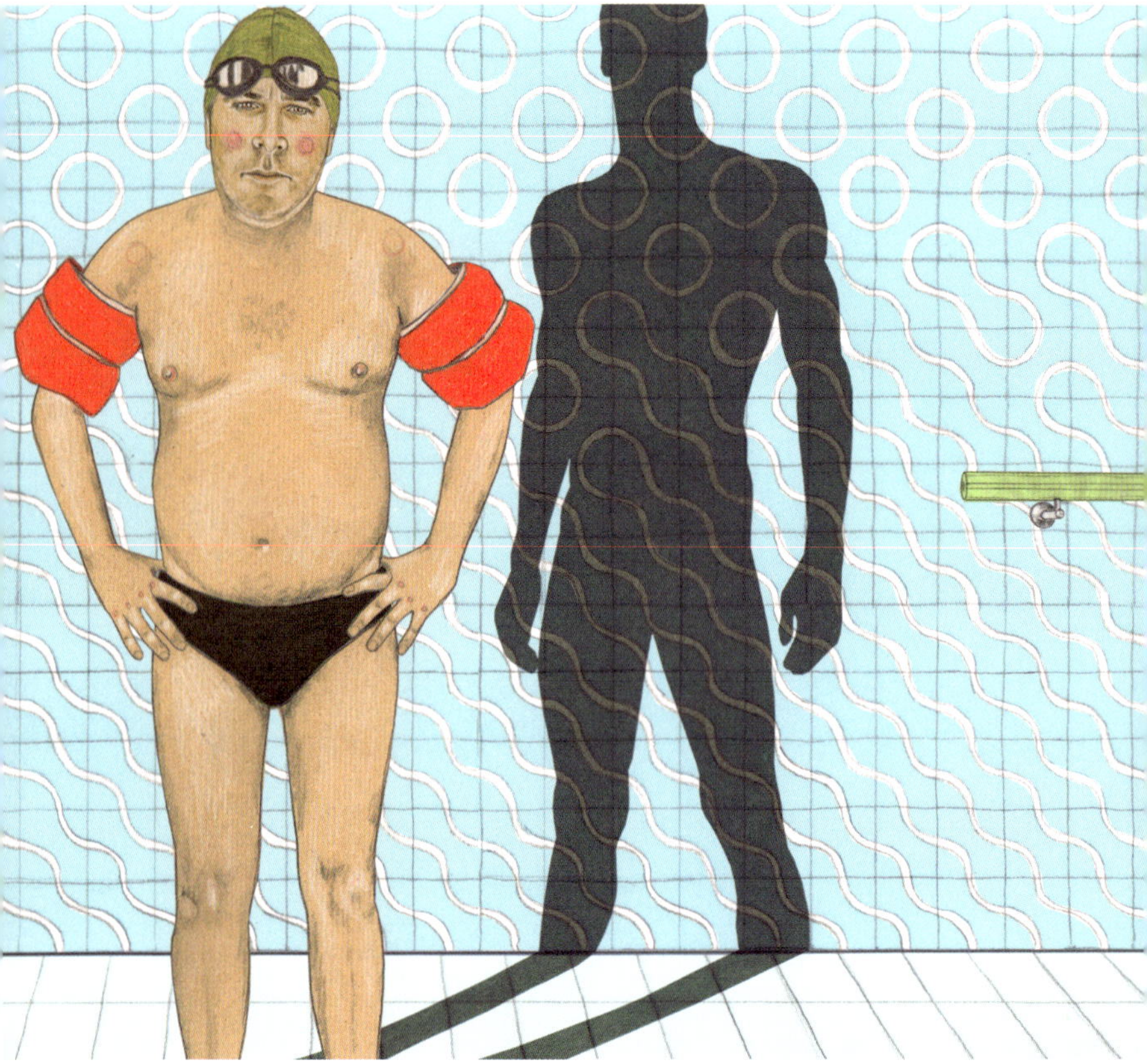

まず、金融トレーダーでエッセイストのナシーム・ニコラス・タレブのエピソードを紹介しよう。

なかなか減らない体重をなんとかせねばと思い立ったナシームは、どんなスポーツをしたらいいのか、あれこれ考えてみた。ジョギングをしている人はガリガリに痩せていて不幸せそうに見える。ボディビルダーは肩幅が広すぎて、賢そうには見えない。テニスをしている人は、気取った中流階級という感じだ。でも、水泳をしている人たちなら好感がもてる。スイマーの肉体はがっしりしているがエレガントでもある。そういうわけで、ナシームは週に2回、地元のプールで本格的にトレーニングをするようになった。その後、月日は流れ、彼は、自分が「思い込みのワナ」にハマっていたことに気がついた。**プロの水泳選手の肉体が完璧な形をしているのは、とことんトレーニングを積んだからではなく、もともと体格がいいから泳ぎがうまくなったのである。逆だったのだ！**　生まれつきの体形のよさが水泳というスポーツを選ぶきっかけとなったのであり、水泳をしたから美しい姿になったのではない。

化粧品のコマーシャルに登場する女性モデルもしかりだ。消費者の多くは、その化粧品を使えば自分もきれいになれると幻想を抱く。だが、その商品を使ったからといってモデルになれるわけではない。モデルになる人はたまたま美しく生まれ、だからこそ化粧品のコマーシャルに起用されているだけなのだ。スイマーと同じように、この場合も、生まれつきの美しさがモデルという職業の選択基準になっただけで、化粧品を使ったからモデルになれたわけではない。

このように、わたしたちは何かを選択するときに、欲しい結果やなりたい状態だけを理由に選択してしまう。いつでも「スイマーズボディ幻想」にだまされ、

セクシーボディに限ったことではない。ハーバード大学を例にとってみよう。

ハーバードと言えば、アメリカの最難関大学として有名である。大成功を収めたたくさんの人がここで学んできた。ということは、ハーバードは優秀な学校ということになるのだろうか？　実際にそうかどうかはわからない。というのも、大学自体はお粗末なのに、世界中からとびきり優秀な学生を集めているだけ、ということもありえるからだ。わたしの経験から言うと、スイスのザンクトガレン大学はそういうところだった。この大学の世間での評価は抜群にいい。それなのに、（20年前の）大学の講義内容は平凡だった。それでも何かしらの理由で——優秀な学生を選抜したからか、狭い谷あいの気候のおかげか、学食の食事がよかったからか？　——多くの卒業生はそれなりに有名になっている。

世界中の経営学修士(MBA)コースは、コース修了者のその後の「年収」を統計的に示している。それによって学生を惹《ひ》きつけられるからだ。MBAを取得すれば、平均で年収がこれくらいアップします、と入学希望者に計算してみせるのだ。法外な授業料も短期間で取り戻せますと言わんばかりだ。実際に、多くの人がこの数字に惑わされる。学校側が示す計算が嘘《うそ》だと言うつもりはないが、彼らの主張には意味がない。そもそも、MBAを取得するつもりがない人たちと、取得を目指して努力している人たちとでは、目指すものが違うからだ。

のちのち年収に大きな差が出たとしても、その理由はMBAの資格を所持していることだけではなく、ほかにもたくさんある。これも「スイマーズボディ幻想」の1つの例である。つまり、1つのことを選択するのに、欲しい結果だけを見て選んでしまう。あなたがこれから勉強を始めるつもりでいるなら、収入アップを動機づけにするのではなく、別の理由から勉強する内容を選ぶようにしてほしい。

幸せの秘訣《ひけつ》は何か? 幸せな人にこう質問すると、多くの場合、次のような言葉が返ってくるだろう。「ボトルに半分水が入っているときに、もう半分しかないではなく、まだ半分入っていると考えること」

だが、そう考える人は、自分が幸せな人間として生まれ、あらゆることをポジティブに見る傾向がある、ということをわかっていない。幸福感というものは大部分が生まれつき備わっている性質で、あとから簡単に身につけられるものではないことを、その人たちは理解しようとしない。つまり、「スイマーズボディ幻想」は、他人だけでなく、自分へも起こる現象である。さらに、その手の幸せな人が本を書いたとなれば、自分だけが錯覚しているだけならともかく、他人にまで害をおよぼすことになる。

対策——自己啓発や癒やし系の本にはなるべく近づかないようにしよう。そういう類いの本は、もともと幸せを感じやすい人たちが書いているからだ。どのページにも幸せになるためのヒントがちりばめられているが、そのアドバイスでもうまくいかなかった人が存在することは知られていない。不幸な人はそもそも自己啓発本を書かない。

結論——鋼のような筋肉、美しさ、高い給料、長寿、よいオーラ、幸せ——こういったことを追い求めるときには、しっかりと自分を観察しよう。プールに飛びこむ前に、鏡に映る自分の姿をよく見てみよう。そして、自分自身に正直になろう。

思考の落とし穴 3

自信過剰のワナ

なぜ、自分の知識や能力を
過信してしまうのか?

ロシアの女帝エカチェリーナ2世は、貞操観念が低かったことで知られている。数知れない愛人が女帝のベッドに潜りこんでいたという。その数はどれくらいだったのか？　正解は次の章で発表するとして、ここでは別の話をする。「自分の知識をどれくらい信頼できるか？」についてだ。そのことを調べるためにちょっとしたテストをしてみよう。

女帝の愛人は、何人いたのか？　推測してみてほしい。その際に、正解率が98％となるよう（不正解率が２％となるよう）、数に幅をもたせて、明確に答えてほしい。

数に幅をもたせるとは、たとえば「20から70の間」というように指定する。その場合、あなたが推測するエカチェリーナ2世の愛人の数は、「20人以上、70人以下」ということだ。

ナシーム・タレブは、わたしにはこの質問をしたが、同じやり方で何百人もの人にも別の内容の質問をした。ある人たちには「ミシシッピ川の長さ」や「エアバス社の飛行機の燃料消費量」について、ある人たちには「アフリカのブルンジ共和国の人口」についてたずねたのだ。質問を受けた人々は、自由に幅をもたせて数字を挙げることができる。つまり、先に説明したように、不正解率が２％以内に納まるような数字を挙げたはずだった。

ところが、驚くべき結果が出た。本来なら質問を受けた人のうちの2%が不正解になるはずなのに、実際は40%もの人が、間違った数字を挙げたのだ。この現象を発見した2人の研究者、マーク・アルパートとハワード・ライファは、これを「自信過剰のワナ」と呼んだ。

「自信過剰のワナ」は、専門家が予測する場合にも見られる。ある年の株式相場の見通しや、企業の3か年計画における期待される売上げ予測にも、まったく同じようなことが起こるのだ。

わたしたちは、一定の法則にしたがって自分の知識と能力を過大評価する。強く過信してしまう。つまり、「自信過剰のワナ」とは、ひとつひとつの予測が当たるかどうかではなく、わたしたちが「本当にわかっていること」と「わかっていると思い込んでいること」の間に生まれる誤差を意味する。実際よりも、自分は十分に情報をもっていると思い込んだり、自分にはできると過信したりしてしまう傾向のことである。

驚くことに、専門家と呼ばれる人たちのほうがそうでない人たちよりも「自信過剰のワナ」に陥りやすいという。5年後の原油価格の見通しについて、経済学の教授であっても一般人とまったく同じように間違える。教授は、自分自身を過信して予測してしまうからだ。

「自信過剰のワナ」は、ほかの分野でも見られる。フランス人男性の84％が、「あなたは平均よりもセックスがうまいか？」という質問に「イエス」と答えている。「自信過剰のワナ」が存在しなければ、「イエス」と答えた人は全体のちょうど50％になるはずである。平均（厳密には中央値）とは、全体の人数の50％がその上、50％がその下にいるという意味だからだ。

これに関連してもう1つ。結婚したがっている人と実業家には、似ている点がある。両者とも、「自分は統計には当てはまらない」「失敗しない」と思いがちなところだ。

ただし、そもそも「自信過剰のワナ」が存在しなければ、世の中の経済的な動きも今ほどは活発でなかったかもしれない。たとえば、レストランの経営者なら誰もが自分の店を一流にしたいと夢見るだろう。だが現実は、たいていの店が3年後にはつぶれてしまう。ほとんどのレストランは開店しても利益が出せないからだ。

大きなプロジェクトを組むときに、予定よりも早く、しかも当初の予測より低いコストでそのプロジェクトが実現することは、まずないと言っていいだろう。ところが、

逆のケースは無限に存在する。有名な例としては、エアバスA400M軍用輸送機の製造、シドニーのオペラハウスの建設、スイスのゴッタルドの3か所のトンネル建設などを挙げることができる。どれもこれも、完成が大幅に遅れ、莫大な超過費用が発生した。

なぜ、大規模プロジェクトは予定通りに進行しないのか？　そこには同時に、2つの落とし穴が待ちかまえているからだ。1つは、典型的な「自信過剰のワナ」。もう1つは、外部からの刺激による「コストの過小評価のワナ」である。つまり、そのプロジェクトから利益を得る業者などがコストを過小評価することで、プロジェクト実行の後押しをしてしまうのだ。もっとも安い見積もりで相手をその気にさせるというわけだ。

たとえば、経営コンサルタントはコンサルティング料を安く見積もり、契約を成立させようとする。建設業者や資材納入業者も同じように、低い数字を提示することで、顧客の気持ちを動かそうとする。政治家も同じだ。選挙で少しでも票を獲得するために楽観的な予測をする。これについては、思考の落とし穴17で詳しく説明する。ただし、「自信過剰のワナ」と「報酬という刺激のワナ」には大きな違いがある。「自信過剰のワナ」は外からの働きかけで作用するものではなく、いわば本能のように、人間に生まれつき備わった性質である。

最後に、3つのことに留意してほしい。①「自信過剰のワナ」の逆、「自分に対する過小評価のワナ」は存在しない。②「自信過剰のワナ」は女性よりも男性に多く見られる。女性は男性ほど自分を過信しないからだ。③楽天的な人だけが「自信過剰のワナ」に悩んでいるわけではない。悲観論者も過信する。ただし、いくらか程度は低い。

結論——あらゆる予測に対し、疑いの目を向けるように心がけよう。専門家と呼ばれる人から発信された情報には特に注意しよう。どんな計画についても、常に悲観的なシナリオを考えるようにしよう。そうすれば、現実的に判断できるチャンスを手に入れられるだろう。

思考の落とし穴 4

社会的証明のワナ

なぜ、他人と同じように行動していれば
正しいと思ってしまうのか?

あなたはコンサート会場に向かっている。交差点に大勢の人がいる。誰もが空を見上げている。それを見たあなたも、何も考えずに、空を見上げるだろう。どうしてだろう？　「社会的証明」の原理が働くからだ。

コンサートの見せ場。ミュージシャンがみごとな演奏を披露したところで1人が拍手を始める。すると、会場全体が拍手喝采する。あなたもいっしょに手を叩《たた》く。なぜだろう？　「社会的証明」の原理が働くからだ。

コンサートのあとで、あなたはクロークにコートをとりに行く。すると、クロークでは前の人が皿にチップを置いている。しかし、チケット代にはクロークの費用も含まれているはずだ。さて、あなたはどうするか？　きっとチップを置くだろう。

「社会的証明のワナ」とは、「他の人と同じように行動するのが正しい」と思ってしまう傾向を言う。多くの人が正しいと感じていればいるほど、その考えが正しいと思い込むことだ。たとえばかげたことでも、正しいことになってしまうのだ。

「社会的証明のワナ」は、株式市場において、バブルやパニックを引き起こす。また、ファッションの流行、マネジメント・テクニック、余暇の過ごし方、宗教やダイエットなど、あらゆるジャンルに見られるものである。集団自殺をはかった新興宗教団体の信者たちも「社会的証明のワナ」にハマったのだ。

1950年、アメリカのソロモン・アッシュという心理学者が、この「社会的証明のワナ」の実験を行った。人間は集団になると、どのぐらい冷静な判断ができなくなるのだろう？

被験者はさまざまな長さの線を見せられ、その線が「最初に示された線よりも長いか、短いか」、あるいは「同じ長さであるか」を告げる。単純な実験だ。被験者はみな、1人で部屋にいるときには、見せられた線の長さを正しく判断している。その後、部屋に7人が入ってくる。この7人はサクラだが、被験者には知らされていない。サクラは次々と誤った答えをする。見せられた線が最初の線よりも明らかに長くても、「短い」と答えるのだ。最後に被験者の順番になる。すると、被験者の30％が、前の人と同じように誤った答えをした。ただ、心理的な圧力がかかったというだけで。

なぜ、このように考えてしまうのか？　こうした行動は、いわば人間の進化の過程において生き残るための有効な作戦だったからだ。

たとえば5万年前、あなたは狩りをするために仲間といっしょにタンザニアのセレンゲティ大平原を歩いている。すると、突然、仲間が走り出した。さて、あなたはどうするだろうか？　立ちつくしているだろうか？　自分が先ほど見たのは、本当にライオンだったのか、それともライオンに似ている危険のない動物だったのか、などと頭を掻《か》きながら考えるだろうか？　いや、そんなことはしないだろう。あなたは仲間を追って、全力で走るはずだ。じっくり考えるのはあとからでもできる。安全な場所まで逃げてから考えればいい。だが、そういう行動をとらなかった者はやがて消えていき、後世に遺伝子を残せない。

つまり、こうした行動パターンは、人間の奥深い部分にしっかりと根づいているのである。生き残ることとは関係のない場面でも、わたしたちが他人と同じように行動してしまうのは、そのせいなのだ。

「社会的証明」を利用することもある。たとえば、あなたは、見知らぬ街で行われるサッカーの試合のチケットを持っている。だが、競技場がどこにあるのか知らない。その場合、サッカーファンとわかる人たちのあとをついていくだろう。

お笑い番組やトークショーでも「社会的証明」の原理が利用されている。ここで観客を笑わせたいという場面に、サクラの大きな笑い声や効果音を入れるのである。

「社会的証明」の印象的な例の１つは、１９４３年に行われたナチス・ドイツ宣伝大臣、ヨーゼフ・ゲッベルスによる演説だ。「諸君は総力戦を望むか?」。その場にいたのが1人だけだったら、あるいは匿名で答えていいのだったら、誰もこの言葉に同意しなかったであろう。

テレビコマーシャルも、「社会的証明のワナ」を利用し、いわば、わたしたちの弱みにつけこんでいる。「社会的証明」がもっとも効果を発揮するのは、はっきりと目に見える長所や短所がなく、「あなたやわたし」のような、どこにでもいるごく普通の人が登場する場面である。つまり、掃除用洗剤のコマーシャルに、その国の大多数の人とは肌の色が違う人物を登場させても、たいした効果はない。

企業が自社商品を「一番売れている」と主張する場合には、要注意だ。「一番売れているから優れた商品である」というだけで、どうしてその商品がほかの商品よりも優れていることになるのだろう?

イギリスの作家、サマセット・モームは次のように述べている。「たとえ5千万人が間違ったことを正しいと主張したところで、真実にはならない」

追記――前章の答え。ロシアの女帝エカチェリーナ2世には、およそ40人の愛人がいた。そのうちの20人は名前がわかっている。

思考の落とし穴 5

サンクコストのワナ

なぜ、「もったいない」が
命取りになるのか?

その映画のストーリーはひどくお粗末だった。上映開始から1時間後、わたしは妻の耳元でささやいた。「もう出よう、うちへ帰ろう」。すると、妻が答えた。「帰るわけないでしょ。30ユーロも払ってチケットを買ったんだから」

「そんなの理由にならないよ」とわたしは抗議した。「30ユーロはもうないんだ。きみは、『サンクコストのワナ』にハマっているだけだ」「あなたって何かというとワナ、ワナって、そればっかり！」。彼女は苦虫をかみつぶしたような表情で、ワナという言葉を口にした。**「サンクコスト（sunk cost）」とは、もはや回収できない費用のことを言う。「埋没費用」とも呼ばれている。**

翌日のマーケティング会議にて。広告キャンペーンはすでに4か月前から続いている。だが、ちっとも成果が上がらない。売上げは目標をはるかに下回っている。わたしはこのキャンペーンをすぐに中止するよう提案した。ところが、宣伝部長は拒んだ。「このキャンペーンにはすでに多額を投資してきた。ここでやめてしまったら、すべてが無駄になってしまう」。彼も「サンクコストのワナ」の犠牲者である。

ある友人は、浮気性の女性との交際に苦労していた。彼女は浮気をくり返し、彼が現場を押さえるたびに、彼女は彼の元に戻り、許しを請い、そして許される。彼はそんな彼女と別れられない。どうしてそんな関係をいつまでも続けているのか？　と本人にたずねると、こう説明してくれた。「ぼくは彼女とつき合うために、時間もお金もエネルギーもたくさん費やしてきた。だから、今、彼女と別れるのは間違っているような気がするんだ」。「サンクコストのワナ」にハマった典型的な例だ。

プライベートでもビジネスでも、ひとつひとつの決定は、常に不安定な状況で下される。頭で思い描いていることは、実現するかもしれないし、しないかもしれない。だが、いつだって、その気になれば、自分で選んだ道から外れることができる。たとえば、続けてきたプロジェクトを中断し、その結果を受け入れることもできるのだ。不安定な状況であればあるほど、そうした選択は合理的な行動である。

だが、「サンクコストのワナ」は〝多大な〟時間やお金やエネルギーや愛情を注ぎこむ場面で手ぐすねを引いている。客観的に見ればそれまでにつぎこまれた資金がもはや何の意味もなさないときでさえ、多大な出費をしたことがそのプロジェクトを継続する理由になってしまう。投資（時間、労力、資材、資金など）が多くなればなるほど、つまりサンクコストが大きくなればなるほど、プロジェクトを続けたいという欲求が高まるのだ。

株に投資する人も、しばしば「サンクコストのワナ」の犠牲者になる。持ち株を売却するタイミングを、購入価格をもとに決定することが多いからだ。株価が購入価格を上回っているときには売るが、下回っているときには売らない。だが、これは決して理性的な行動ではない。購入価格を重視してはならない。大事なのは、手持ちの株の価格がこれからどのように推移するか（さらに、今後の投資先の相場の推移がどうなるか）という見通しだ。誰もが判断を誤る可能性はあるのだ。投資家は、失った金額が大きくなればなるほど、ますますその株を手放そうとしなくなる。

わたしたちは、どうしてこのように愚かな行動をとってしまうのだろうか？　それは、わたしたちはみんな、「矛盾のない状況」をつくり出そうと努力するからだ。「一貫性をもたせる」ことでもっともらしく見せようとする。矛盾が嫌いなのである。ところが、プロジェクトを途中で打ち切ると、矛盾が生じ、これまでしてきたことが間違っていたと認めることになる。反対に、意味のないプロジェクトをこのまま続ければ、手痛い結果が現実となる日を先送りできる。そうすれば、先送りされた分だけ長く、自分たちの考えには矛盾がないと思っていられるというわけだ。

かつて実行された、イギリスとフランスの共同プロジェクト、コンコルドの開発は、このワナの典型的な例である。実は両国とも、超音速航空機は決して採算がとれないという事実に、かなり早い時期に気づいていた。それなのに巨額な資金が投入され続けた。国の面目を保つだけのために。開発の断念は負けを意味していたのだろう。「サンクコストのワナ」は、しばしば「コンコルドの誤謬《ごびゅう》」とも呼ばれている。

このワナにハマると、費用がかさむばかりでなく、決定的な失敗に陥ることもある。ベトナム戦争が長引いたのも、まさしくこれが原因である。「我々はこの戦争で大勢の戦士の命を犠牲にしてきた。だから、ここで戦争をやめるのは誤りである」。そう考えたのである。「もうすでにこんなに遠くまで来てしまったから……」「この本をこんなに読んでしまったから……」「この研究にもう2年も打ちこんでいるから……」。こういった言葉を手がかりにすれば、自分の頭の片隅に「サンクコストのワナ」が牙をむいているかどうかを見極めることができるだろう。

何かに時間やお金を投資し続ける理由はいくらでもある。だが、間違っている理由が1つある。すでに注ぎこんだものを重視し、「もったいないから」という理由だ。ふくれあがった費用や損失を無視してこそ、合理的な決断ができる。これまでに何をどれだけ費やしていようが、現在の状況と今後の見通しだけに目を向けるべきなのだ。

思考の落とし穴 6

お返しの法則のワナ

なぜ、お酒をおごって
もらわないほうがいいのか?

何十年も前、ヒッピー文化の全盛期にはよく、駅や空港でピンクの布をまとって足早に歩き回る新興宗教団体「ハレー・クリシュナ協会」の信者を見かけた。彼らは、足早に通りすぎる通行人のひとりひとりに小さな花をプレゼントする。だが、ほとんどしゃべらず、微笑《ほほえ》んであいさつをするだけだ。

ビジネスマンにとっては、花をもらっても困るだけなのだが、ほとんどの人は差しだされた花を受け取ってしまう。なぜか？　失礼な態度をとりたくないからだ。プレゼントを断った人にだけ、信者たちは「受け取ってください、これはわたしたちからのプレゼントです」とやさしく促す。そして、たいていの人は、花をプレゼントされるとそのまま黙って立ち去れなくなってしまう。そこで信者は寄付をせがむ。多くの場合は成功する。この方法であまりにも多くの利益をあげていたことから、この団体を立ち入り禁止にしていた空港も多かった。

『影響力の武器』（誠信書房刊）の著者である心理学者のロバート・チャルディーニは、何かをもらったときに働く感情「お返しの法則」について綿密な調査を行い、ほとんどの人は負い目を感じることに耐えられない、という事実をつきとめた。

数年前のことだ。わたしは妻とともに、知り合いのある夫婦から夕食に招待された。

この夫婦のことはかなり前から知っている。正直に言うと、彼らは親切なのだが、ぜひとも会いたいと思える人たちではなかった。それでも上手な言い訳も思い浮かばず、招待を受けることにした。

結果は予想通りだった。彼らの自宅で催された夜会は退屈だった。それなのに、次はわたしたちが彼らを招待しなければならないという義務感だけは残った。結局、「お返しの法則」が働いたために、二度も気の乗らない食事会をする羽目になってしまった。ところが、相手はそうは感じていなかったらしく、数週間後には再び招待を受けてしまったのだ。このような悪循環からぬけ出したいと思っていながら、「お返しの法則」が働いてしまうために、さほど会いたくない人と何年間も定期的に会ってしまうというのはよくあることだ。

話を戻そう。結局のところ、多くの非政府組織（NGO）がクリシュナ協会のやり口を真似《まね》た。「まず何かをプレゼントし、次に要求する」という方法の募金活動である。

先週、ある自然保護団体から封書が届いた。開けると、中にさまざまな田園風景の写真が印刷された絵葉書がいっぱい入っていた。送り状には「絵葉書はあなたへのプレゼントです。寄付をするしないにかかわらず、絵葉書を受け取ってください」と書かれていた。薬書をごみ箱に放りこむには多少の努力と冷徹さがいる。まるで賄賂のような、こうしたやんわりとした恐喝は、一般社会のいたるところでお目にかかる。

たとえば、メーカーは、発注してくれそうな取引先をサッカーのチャンピオンズリーグの試合に招待する。ちょうど1か月後が、その会社の発注時期にあたるからだ。すると招待を受けた側は、「借りは返しておきたい」という思いが強くなり、そのメーカーから仕入れをする。

「お返しの法則」は古くから存在している。言い換えればこれは、「きみのピンチを救ってあげるのだから、きみもぼくを助けてほしい」という意味である。食糧確保が不安定なすべての動物に見られる現象でもある。

たとえば、あなたは狩猟と採集で食糧を確保しているとする。ある日、幸運なことにシカを仕留めた。１日で食べられる量よりもはるかに多い。冷蔵庫など存在していない時代の話だ。あなたはシカの肉を自分のグループの仲間と分け合うことにした。そうすることで、運悪く自分が獲物を獲れなかったときには、ほかの人から分け前をもらえるチャンスが与えられるからだ。つまり、他人の胃袋があなたにとっての冷蔵庫ということだ。これは、巧みな生き残り作戦である。

「お返しの法則」とは、いわばリスクマネジメントでもある。この法則がなければ、人類――それに無数の動物の種――はとっくに絶滅していたであろう。

だが、「お返しの法則」には恐ろしい面もある。それは、「報復」という形の行動だ。復讐《ふくしゅう》のあとにさらに復讐が続く。それが高じると戦争へと発展する。イエス・キリストの教えのように、攻撃してきた相手に反対側の頬を自ら差しだすことで悪循環を止めようとするのは、簡単ではない。「お返しの法則」は、1億年以上も前から、生き残るためのプログラムとして、わたしたちの中に組みこまれているからだ。

最近、ある女性がわたしにこんなことを話してくれた。彼女はバーへ行っても決してお酒をおごってもらわないという。「ごちそうされたら、その男性と寝なければならないと無意識に思うからよ」。とても聡明《そうめい》な考え方だ。スーパーマーケットやデパートで、ワインやチーズ、ハムやオリーブの試食を勧められても断ったほうがいいという理由が、これでおわかりだろう。

思考の落とし穴 7

確証のワナ（その1）

なぜ、「特殊なケース」には
気をつけるべきなのか?

ゲーラーはダイエットを始めることにした。どんな方法で挑戦しようかと迷った結果、「XYZダイエット法」に賭けることにした。

それ以来、彼は毎朝、体重計に乗った。前日よりも体重が減っているとダイエットはうまくいっていると微笑《ほほえ》み、逆に増えたときには、この程度の体重の動きはよくあることだと考えて、体重が増えたことは忘れるようにしていた。こうして何か月間も体重がほとんど変わらなかったというのに、「XYZダイエット法」は効果があると思い込んでいた。ゲーラーは「確証のワナ」の犠牲者である。ただし、害にならないパターンの犠牲者だが。

「確証のワナ」とは、新しい情報を、自分の意見や信念に無理やり合わせて解釈する傾向のことを言う。別の言い方をすれば、自分の考えと一致しない情報（以下「反対の証拠」と呼ぶ）を、フィルターにかけて見ないようにすることだ。

これはとても危険である。「目を背けても、真実はなくならない」とは、イギリスの作家、オルダス・ハクスリーの名言だ。それなのに、わたしたちはまさしく目を背けようとする。

アメリカの著名な投資家、ウォーレン・バフェットもこう言っている。「人間がもっとも得意とするのは、自分の見方が変わらないよう、新しい情報をフィルターにかけて取り除くことだ」。バフェットは「確証のワナ」の危険性を意識し、その落とし穴にハマらないように注意したからこそ、大成功を収めているのではないだろうか。

企業では特に、「確証のワナ」の嵐が荒れ狂う。たとえば、取締役会で新たな経営戦略の導入を決定しようとしているときだ。会議出席者の前には、この戦略が成功する可能性が高いことを示す証拠ばかりが並んでいる。失敗の兆候があったとしても、そのことにはまったく気づかない。うまくいかなかったとしても、それは「特殊なケース」や「予測不可能な事態」であるとあっさり片づけられる。こうして、「反対の証拠」は取締役の目には入らない。

では、どうしたらいいのだろうか？　「特殊なケース」という言葉が出てきたら、より注意深くなろう。背後には「反対の証拠」が隠れていることがよくあるからだ。

それには、チャールズ・ダーウィンが用いていた方法を頼りにするといいだろう。

ダーウィンは、少年時代から「確証のワナ」を克服しようと努力していた。観察記録が自分の推測と矛盾する場合には特に気をつけた。常にメモ帳を持ち歩き、自分の意見に反する観察対象を見つけたら、ただちにそれをメモした。ダーウィンは、人間の脳は、反対の証拠を見ても、30分後には「忘れてしまう」ことを知っていたのだ。だから彼は、自分の考えが正しいと思えば思うほど、積極的にその考えと矛盾する情報を探したのである。

自分の考えを疑うためには、どれほどの自制心が必要だろうか？　次の実験結果がそれを示している。

ある教授が「2、4、6」と数字を書いた紙を学生の前へ置く。被験者の学生たちは、それに続く数を予想することで、数がどのようなルールで並んでいるかを当てなければならない。そのルールは紙の裏に書いてある。

学生がルールに当てはまる数字を挙げた場合には、教授が「ルールと一致」と答える。当てはまらない数字を挙げた場合には「ルールと不一致」と答えることになっていた。被験者は、好きなだけ数字を挙げることができる。ただし、どんなルールか当てるのは一度だけしか許されなかった。

ほとんどの学生は、続く数字を「8」と答え、教授は「ルールと一致」と返事をした。念のために、彼らはさらに「10」「12」「14」と数字を挙げていった。教授は、数字が挙げられるたびに「ルールと一致」と答えた。これに基づき、被験者のほとんどが単純な結論を引き出した。「ルールは、最後の数に2を加えた数字です」。ところが教授は首を横に振った。「紙の裏に書いてあるルールはそうではありません」

たった1人、非常に知恵のある学生だけは違う方法で課題に取り組んでいた。彼はまず「4」で試してみた。すると教授は答えた。「ルールと不一致」。「それでは7は？」「ルールと一致」。それからこの学生は、時間をかけてありとあらゆる数字を挙げていった。「マイナス24」「9」「マイナス43」。彼は、ルールに当てはまらない数字をさんざん挙げた末に、ようやく答えを導き出した。「ルールは、次に来る数字は前の数字よりも大きくなければならない」。教授が紙をひっくり返すと、そこに書いてあったルールは、まさしくその学生が答えた通りだった。

その学生とほかの学生たちの違いは、いったい何だったのだろう？　ほかの学生たちは**「自分の推測の正しさを証明するもの」を見つけようとしていたのに対し、賢い学生は「自分の推測の誤りを証明するもの」を探していた点である。しかも、意識的に「反対の証拠」を探したのだ。**

「確証のワナ」にかかると、無傷ではいられない。このワナがわたしたちの生活にどのような影響を与えているか、次の章でお伝えしよう。

思考の落とし穴 8

確証のワナ（その2）

なぜ、「あいまいな予想」に
惑わされてしまうのか？

前章で、代表的な落とし穴の1つである「確証のワナ」の存在を書いた。本章ではいくつか具体的な例を挙げながら説明しよう。

わたしたちはみんな、世の中の流れや自分の将来、今後の経済の状況、投資先の発展、仕事の成功など、あらゆることを推測しなければならない環境に置かれている。予想せずに生活することはできない。だが、その予想があいまいであればあるほど、「確証のワナ」の影響を強く受ける。「人間はもっとも優れた生物だ」と考えている人は、その考えが正しいことを示す証拠を見つけようとする。「人間はもっとも劣った生物だ」と考えている人も同じように、その証拠を見つけようとする。**優越感に浸っている人も劣等感を抱いている人も、「反対の証拠」をフィルターにかけて取り除き、自分の考えが正しいことを証明する情報ばかりを手に入れようとする。**

占い師も経済専門家も、同じ原則にしたがって行動している。往々にして、彼らの発言は非常にあいまいである。あいまいにすることで、予測がよく当たると思わせようとする。「数週間以内に悲しい体験をするでしょう」「中期的にドル安圧力が高まる」といったような、実際には何を意味しているのかわからないような表現を使うのだ。

中期とはいったいどれくらいの期間を意味するのか？　圧力とはどういう意味なの

か？　ドルが安くなるとは、何に対する価値が下がるという意味なのか？　金（ゴールド）、円、ペソなのか？　それとも小麦の価格？　ベルリンのクロイツベルク地区の不動産の価値？　それともソーセージの値段だろうか？

信仰心や哲学といった信念の世界もまた、あいまいであるために「確証のワナ」が生じやすい。信者たちは、何かが起こるたびに神の存在を確認しようとする。しかし、神は直接人間の前に姿を現すことはない。あることが起こり、神の力とは関係がないという反対の証拠があったとしても、神の力が働いた、神はいる、と信者は確信している。「確証のワナ」が強く作用している証拠である。

さらに、経済ジャーナリストほど「確証のワナ」に悩まされている職業もないだろう。彼らはしばしばあいまいな仮説を立てて、2、3の「証拠」を書き足して記事を完成させる。

たとえば、「グーグルがこれほどまでに成功したのは、同社が創造性を育てているからだ」という記事があったとする。つまり、この記事を書いた記者は同じように創造性があり成功している会社（裏づけとなる証拠）を2、3社選びだす。だが、反対の証拠を掘りおこす努力はしない。つまり、創造性を育てていても成功していない会社、または成功はしているが創造性のない会社を探すことはない。実際には、そういう企業はたくさん存在しているはずである。それなのに、見えないふりをする。そういった企業について触れれば、記事が台なしになってしまうからである。わたしなら、そういう企業についての記事は大歓迎だ。役に立たない中途半端な調査の山の中から、宝石を掘り出したような気分になるだろう。

成功のためのハウツー本や自己啓発本も同じ原則に基づいて書かれている。たとえば「瞑想《めいそう》は大きな幸せを手にするための鍵です」という文章があるとする。もちろん、賢い著者はそれが正しいことを証明する多数の実例を用意している。だが、反対の証拠、つまり、瞑想をしなくても幸せな人や瞑想をしているのに不幸せな人たちのことが書かれている部分を探しても見つからないのだ。

「確証のワナ」は、やっかいなことに、自分では気づかない。誰だって自分の信じていることに銃弾を撃ちこまれたいとは思っていない。だが実際には、自分の信念の前に盾をつくり、弾をよけることなどできない。サイレンサーのついた銃で、不意に撃たれることもある。その場合、弾は発射されているのに、銃声は聞こえていない。

いまや、インターネットを駆使すれば、自分と考えが同じ人と簡単につながることができる。自分の主張が正しいことを証明してくれるブログを読むこともできる。インターネットの世界では、探している情報が真っ先に提供される。反対意見は自分のレーダースクリーンにまったく映らない。わたしたちはこうして情報をフィルターにかけ、ますます偏った情報ばかり集めるようになり、自分と同じ考えをもつ人々の集団の中で行動するようになってきている。

こうした状況を打破するにはどうしたらいいのだろうか？　イギリスの文芸評論家、アーサー・キラー＝クーチは、こう言っている。「お気に入りを殺せ」、つまり「自分の好きな言葉や考え方を手放せ」という意味だ。響きは美しいが余計な言葉をだらだらと書き連ね、短くまとめるのに苦労している物書きにうってつけのメッセージである。そしてクーチのこの言葉は、下手な物書きだけでなく、すべての人に当てはまる。

結論――「確証のワナ」と闘おう。世の中に対する考えをはじめ、結婚生活や健康やダイエットといったプライベートなこと、投資や出世のための手段など、どんなことでもかまわない。まず、自分の考えを書き出そう。それから「反対の証拠」を探してみよう。お気に入りの考えを消し去るのはつらい作業だ。しかし、教養のあるあなたなら、それを避けては通れない。

思考の落とし穴 9

権威のワナ

なぜ、エラい人には
遠慮しないほうがいいのか?

旧約聖書の中のアダムとイブの逸話は、「偉大な権威に背くとどうなるか」という話である。そう、楽園から追放されてしまうのだ。このことを、政治や経済の専門家、学者、医師、CEO、首相、スポーツ解説者、企業コンサルタント、カリスマ的な投資家、といった人たちが、わたしたちにも信じこませようとする。

権威のある人々には、問題が2つある。1つ目は、権威があったからと言って、間違いをおかさないわけではないことだ。地球上には、経済の専門家がおよそ100万人もいる。それなのに、金融危機が起こるタイミングを正確に言い当てた人はいない。ましてや、不動産バブルがはじけてからどのように経済危機にまで発展していくかを予測できた者は1人もいない。かつて、経済の専門家たちがこれほどまでに役に立たなかったことはない。医学の世界もそうだ。19世紀までは、衛生管理が不十分だったり、瀉血《しゃけつ》やその他のいかがわしい処置法が用いられていたため、病気になっても医者にかかると悪化することこそあれ、症状が改善されることはあまりなかった。病人は医者にかからないほうがよかったのだ。それなのに、当時の人々は医者が言うのだから間違いないと信じ、治療を受けていた。

もう1つの問題点は、さらに深刻である。**わたしたちは、権威を信じるあまり、自**

分自身で考えなくなってしまうという点だ。専門家ではない人の意見には慎重になるのに、専門家の意見は聞き入れる。理性や道徳に反するようなときでさえも、権威に服従してしまう。これが「権威のワナ」である。

わたしたちが権威にしたがいやすいことは、アメリカの心理学者、スタンレー・ミルグラムが1961年に行った実験によって証明されている。

実験では、被験者がガラス窓の向こう側に座っている人に、教授の指示にしたがって電気ショックを与えることになっていた。電圧は15ボルトから始まり、30、45と、15ボルト刻みで、死に至る危険があるとされる450ボルトまで引き上げられていった。ガラス越しに見える人物は苦痛に叫び声をあげ、恐れおののき震えていた（実際には、その人は演技をしていただけで、電流は流されていなかった）。

被験者が実験を中断しようとすると、ミルグラム教授は落ちついた声でこう指示する。「そのまま続けてください。実験は続けることに意味があるのです」。すると、たいていの被験者は実験を続けた。しかも、被験者の半数以上が、最大ボルテージまで電圧を上げたのだ。権威への純粋なる服従心のためである。

航空会社は、「権威のワナ」が危険な状況をつくり出す恐れがあることを学びつつある。機長がミスをおかし、副操縦士がそれに気づいていても、権威には逆らえないという信仰が邪魔をして、思い切ってミスを指摘できない。多くの事故はそのことが原因で起こっている。しかし、ここ15年で、ほぼすべての航空会社のパイロットが、「クルー・リソース・マネジメント」と呼ばれる教育を受けるようになった。この研修では、矛盾点に気づいたら率直に、しかも迅速にそれを指摘するよう訓練される。「権威のワナ」を取り除く訓練を受けるのである。

だが多くの企業が、こうした航空会社から何十年も遅れをとっている。特に、支配的なCEOがいる企業では、従業員が「権威のワナ」にハマっている可能性が高い。こういった環境では、企業にきわめて大きな損害がもたらされる危険がある。

専門家と呼ばれる人たちは、自分が何者かを誰からもわかってもらえるようにするために、それを何らかの方法で知らせなければならない。医師や研究者は白衣を着ることで、銀行の役員は上等な背広とネクタイで、自分の地位を知らせようとする。本来、ネクタイはただの飾りでしかないが、身につけることでそれなりの仕事をしていることを知らせる効果がある。権威を示すものはほかにもある。たとえば、国王は王冠をかぶり、軍隊では階級章を着用する。さらに、カトリック教会では権威の象徴として、教皇が宝石のちりばめられた金の教皇冠やミトラと呼ばれる司教冠をかぶる。身なりに関係したことばかりではない。今日では、テレビやラジオのトークショー番組に出演したり、著書が刊行されたりすることが、権威の1つの要素になっている。

また、時代によって権威の〝流行《はや》り〟というものがある。ある時代には司祭や牧師が、別の時代には国王や戦士が権威になる。哲学者、詩人や作家、ロックスターやテレビの司会者、急成長を遂げたベンチャー企業の創立者、ヘッジファンドマネージャー、中央銀行総裁といった人々が権威になることもある。社会は、そうした権威に自らしたがおうとする。ある専門分野で優れた知識や技術をもっている人が、それだけの理由で、専門外の分野についてまで世間から信頼されてしまう。プロのテニス選手がコーヒーメーカーのテレビコマーシャルに出演し、女優が頭痛薬の宣伝をしているのもその例である（これについては思考の落とし穴39でさらに詳しく説明しよう）。

わたしは、専門家と呼ばれる人と会うときはいつも、相手に遠慮しないでどんどん自分の意見を言うようにしている。あなたもそうしてみよう。権威をもつ人を批判的な目で見れば見るほど、他人の影響を受けなくなる。そして、より自分自身を信じられるようになるだろう。

思考の落とし穴 10

コントラストのワナ

なぜ、モデルの友人は
連れていかないほうがいいのか?

社会心理学者ロバート・チャルディーニは、著書『影響力の武器』の中で、1930年代のアメリカで洋服店を営む「シドとハリー」という兄弟の話を紹介している。

シドは販売、ハリーは仕立てを担当していた。シドは、鏡の前に立っている客が試着したスーツを気に入ったと気づくと、少しばかり耳が遠いふりをした。客が値段をたずねると、シドはハリーに向かって大声でこう聞いた。「ハリー、このスーツはいくらだっけ?」。するとき、仕立てをしていたハリーは顔を上げて大声で答える。「その上等なウールのスーツは42ドルだよ」。これは当時としては非常に高い値段だ。

するとシドは、聞き取れなかったふりをする。「いくらだって?」。ハリーはくり返す。「42ドルだよ!」。そこでシドは客に振り返ってこう言う。「22ドルだそうです」。すると、客は素早く22ドルを支払い、気の毒なシドが〝誤り〟に気がつく前に、そそくさと品物を持って店をあとにする。こうしてシドとハリーの兄弟は、〝もともと22ドルのスーツを定価で売ること〟に成功したのだった。

次の実験は、あなたも学校時代に行ったことがあるかもしれない。バケツを2つ用意し、片方のバケツにはぬるま湯を、もう片方のバケツには冷水を入れる。右手を1

分間冷水に浸す。そのあとで両手を同時にぬるま湯につける。さて、どんな感じがするだろうか？　左手は温かいと感じ、右手は熱いと感じるはずだ。

シドとハリーの話とぬるま湯の実験は、ともに「コントラストのワナ」の影響を受けている。**あるものを見たときに、その横にそれより醜いもの、安いもの、小さいものといったように、比較するものがあると、比較するものがないときよりも、さらに美しく、高く、大きく感じてしまう。そのため純粋な価値を判断するのが難しくなる。**

「コントラストのワナ」は、さまざまな場面に登場する落とし穴である。新車を買うときに、レザーシートを買うかどうか迷ったとしよう。車の本体が600万円するのに比べれば、30万円の追加料金なんてたいした金額ではないと思え、つい買ってしまう。設備をオプションで取りつける業者は、この落とし穴をうまく利用して商売をしている。

「コントラストのワナ」はこんなところにもある。実験によると、**食料品を1000円節約するためなら10分間歩くのをいとわない人が多い。ところが、目の前にある9万9900円のスーツと同じものを別の店で1000円安く売っていたとしても、それを買うのに10分間歩こうとはしないという。**10分間は10分間だし、1000円は1

000円なのに、理屈に合わない不合理な行動である。

ディスカウントストアでも、「コントラストのワナ」は欠かせない。**1万円から7000円に値引きされた商品は、常に7000円で売られている商品よりも買うと得をするように感じられる。もともとの値段がいくらであったかは、おそらく問題ではない。**

たとえば、最近こんなことがあった。ある投資家がわたしに言った。「この株は安いですよ。最高値のときよりも50%も下がっていますから」。そう言われると、たいていの人は今が買い時だと思ってしまうだろう。しかし、わたしは首を横に振った。なぜなら、株式相場には「安い」も「高い」もないからだ。株を買うときに重要なのは、どこの企業の株か、買った時点から上がるかどうか、ということだ。

鳥が銃声に反応するように、わたしたちはコントラストについ反応してしまう。対比するものを見せられただけで、舞いあがり、ジタバタする。けれども、大きな差にはすぐに反応するが、小さな差や緩やかな変化にはなかなか気づかない。

マジシャンが、あなたがはめている腕時計をそっと盗む場面を想像してみよう。マジシャンは、あなたの身体のほかの部分に強く触れる。すると、同時に手首に軽く触れてもまったく気づかないだろう。

これとまったく同じように、わたしたちは、インフレによって自分の貯金の価値が少しずつ低くなっていても、気づかない。急激な変化でないために、貨幣価値が絶えず下がり続けていても、そのことには気づかないのだ。ところが、同じ金額でも、情け容赦ない税金のような形で一気に奪われれば、きっと憤慨するだろう。

「コントラストのワナ」が人生を台なしにしてしまうこともある。とても魅力的な女性が、あまりにも平凡な男性と結婚するといったことも起きる。どうしてだろうか？その女性はひどい親に育てられたせいで、平凡な男が実際よりもよく見えてしまうのかもしれない。

最後にもう1つ、重要な例を挙げよう。スーパーモデルを起用したコマーシャルばかり見ていると、美しい女性を見ても十人並みの容姿に思えてしまう。あなたが女性で、男性との出会いを求めているのなら、グラビアモデルの友人とは決して出かけないことだ。男性は、あなたのことを実際よりも魅力がないと評価するだろう。だから、1人で出かけよう。さらに効果的な方法は、パーティーには自分よりも容姿の悪い友人と出かけることだ。

思考の落とし穴 11

イメージのワナ

なぜ、「違う町の地図」でも
ないよりはましなのか?

「彼は、毎日タバコを3箱も吸っていたのに100歳を超えた。だから、タバコを吸ってもそれほど害はないだろう」とか、「ハンブルクは安全な街だ。高級住宅地のブランケネーゼに住んでいる人を知っているけれど、彼女はドアの鍵をかけたことがないらしい。旅行に出るときもね。それなのに、泥棒に入られたことがないんだ」。このような発言は何かを証明しようとしているかのように聞こえるが、実際には何も証明していない。このように話す人は、「イメージのワナ」にハマり、経験やイメージしやすい出来事だけで判断を下している。

ドイツ語には「Rで始まる」単語と「Rで終わる」単語ではどちらがたくさんあるか？　答えは「Rで終わる」単語は「Rで始まる」単語の2倍以上ある。しかし、この質問をされた人のほとんどが答えを間違える。どうしてだろう？　それは、Rで始まる単語のほうがすぐに思いつくからだ。

わたしたちは、自分が思いつく単純な実例を手がかりにイメージをつくり上げている。ばかげたことだ。なぜなら、想像しやすいというだけの理由で、現実の世界では頻繁には起こらないことを思い浮かべ、それが現実であると信じているからだ。「イメージのワナ」は、じっくり考えずに、想像しやすいことをもとに手っ取り早く判断することから、「思考のショートカット」とも呼ばれている。

「イメージのワナ」のせいで、わたしたちは、危険に関する誤ったイメージを抱きながら暮らしている。たとえば、航空機の墜落事故、自動車事故、または殺人犯に命を奪われるといったセンセーショナルな危険については、いつも過剰に敏感になり、必要以上に危険を感じる。ところが、糖尿病や胃がんといったあまりセンセーショナルではない原因に対しては危機感がない。爆弾テロが起こる可能性は、わたしたちが思っているよりもずっと低い。それよりもうつ病になる可能性のほうがはるかに高いのである。劇的で派手なことであれば、そのことが起こる確率を必要以上に高く見積もってしまい、症状がすぐに現れず、目に見えにくいことだと過小評価するのである。

わたしたちの脳は、目立つことについては、記憶の引き出しからさっと取り出すことができる。量ではなく、印象に反応するからだ。

医師は、特に「イメージのワナ」にハマりやすい職業である。というのも、医師には、通常、さまざまな症状に用いるお気に入りの治療法というものがある。もっと適切な治療法がある場合でも、別の方法は頭に浮かばない。だから、いつも自分が用いる方法で診察する。経営コンサルタントも似たようなものだ。これまでに経験したことがない事態に直面したときでも、両手を合わせてため息をつき「なんとアドバイスをしてよいのやら、まったく見当がつきません」などとは決して言わない。どんなケースでも、おなじみの方法を用いるのだ。その方法が適切であろうとなかろうと。

わたしたちの脳は、頻繁にくり返されていることであれば、それを簡単に呼び出せるようになる。それが必ずしも真実である必要はない。その証拠に、ナチスは「ユダヤ人問題」という言葉を何度くり返したことだろう。その結果、ドイツの民衆は、そこに重大な問題があると信じてしまった。UFO、オーラ、カルマといったような言葉を何度も耳にしているだけで、その存在を信じたり、感じたりするようになるのも同じだ。

取締役会の椅子にも「イメージのワナ」の寄生虫が住みついている。取締役会は四半期ごとの決算についてのみ議論し、あらかじめ決められていないことは議論しない。ライバル会社の巧みなかけ引きや、社員のモチベーションが急に低くなった原因、あるいは予想外の消費者行動の変化といったテーマは、決算の数字を論じるよりも重要である。だが、そういったことは議論しない。くり返し述べてきたように、わたしたちは簡単に調達できるデータと対策に飛びつく傾向がある。そして、それだけに基づいて決定を下す。しかも多くの場合、その決定がとんでもない結果をもたらす。

たとえば、すでに10年ほど前から、一部の金融派生商品の価格計算をするときには、ブラック・ショールズ方程式は役に立たないことが知られている。しかし、ほかによい計算方法がないことから、誤っていても計算式がないよりはまし、というだけの理由で、いまだにこの方程式を使って計算している。こうして「イメージのワナ」にハマり、手っ取り早い方法を用いることによって、結果的に銀行に何千億円という損害をもたらすのである。見知らぬ街に来たが、その街の地図を持っていない。鞄《かばん》の中には別の街の地図がある。よし、この地図を使おう、違う地図でもないよりはまし、と言っているようなものである。

フランク・シナトラもこんな歌を歌っていた。「おお、わたしの心が激しく震える／きみがここにいるからだ／わたしが愛する人のそばにいないときには／そばにいる人を愛するよ」——これこそ完璧な「イメージのワナ」である。

このワナにハマらないための防止策は、自分とは考えが違う人、自分とはまったく異なる経験をしている人と協力し合うことだ。自分だけでは、この落とし穴に打ち勝つのはなかなか難しい。

思考の落とし穴 12

「いったん悪化してからよくなる」のワナ

なぜ、「その人」を信じてしまったのか？

数年前、地中海に浮かぶフランス領のコルシカ島で休暇を過ごしたときのことだ。わたしは具合が悪くなり、日に日に腹痛がひどくなっていったので、とうとう医師に診てもらうことにした。はじめて経験する症状だった。

若い医師は問診から始め、お腹、肩、そして膝を触ったり押したりした。さらに、背骨の周りをなでた。ひょっとしたらこの医師にはあまり知識がないのではないか、とわたしは疑いをもちはじめていた。とはいえ確信があったわけでもなかったので、苦痛にじっと耐えていた。やがて、診察が終わると、医師は処方箋を書きながら言った。**「抗生物質を出しておきます。1錠ずつ1日3回飲んでください。症状はいったん悪くなりますが、そのあとに、よくなります」**。わたしは検査結果が出たことにほっとして、体を引きずりながらホテルへ戻った。

それから、痛みは本当にひどくなっていった――医師の言った通りだった。ということは、あの医師にはきちんとした医学知識があったのだ。それから3日たっても痛みは和らがないので、診療所に電話した。するとその医師は言った。「薬を飲む回数を1日5回に増やしてください。まだしばらく痛みは続くでしょうが」。わたしは言われた通りにした。だが症状はさらに悪化したので、2日後、自宅のあるスイスの病院に連絡し、航空救助隊にコルシカ島まで迎えに来てもらった。搬送先のスイスの病院で盲腸炎の診断を受け、すぐに手術が行われた。

手術後、「どうして、こんなになるまで放っておいたのですか？」とたずねる医師にわたしは答えた。「病状の進行がコルシカの医者が言ったこととぴったり合っていたんです。だから、その先生を信じたのです」

「〝いったん悪化してからよくなる〟という言葉のワナに引っかかってしまったんですね。そのコルシカの医者は、あまり医学の知識がない、パートで雇われた看護師だったんじゃないですか？　シーズン真っ盛りの観光地ではよくあることです」

こんな例もある。ある企業のＣＥＯが途方に暮れていた。決算は赤字で、営業社員はやる気がない。そのうえ、マーケティング活動は空振りに終わる。ＣＥＯは破れかぶれになってコンサルタントを雇った。コンサルタントは１日５０００ユーロの報酬と引き換えに、会社の状況を分析し、調査結果をこう伝えた。

「御社の営業部にはビジョンがなく、ターゲットにしている客層もはっきりとしていません。なかなか難しい状況にあります。ですが、わたしは、御社がこの状況を脱して活気を取りもどすようにしてみせましょう。もちろん、一晩でというわけにはいきません。問題は複雑なので、効果が出るまでには時間がかかります。いったん、売上げは減少しますが、そのあとで好転するでしょう」

CEOはこのコンサルタントを雇い入れた。1年後、売上げは本当に減少した。2年目も振るわなかった。状況は自分の予想と一致している、とコンサルタントはくり返し強調した。3年が過ぎ、売上げはさらに落ちこみ、CEOはコンサルタントをようやく首にした。

「いったん悪化してからよくなる」のワナは、「確証のワナ」の親戚でもある。自分の専門と言っていながら、その分野を実は何も理解していない、あるいはまったく確信がもてない人には、このワナを利用するのが無難である。悪化すれば、予測の正しさが証明されるからだ。反対に予測に反してすぐに改善されれば、顧客は喜び、それも自分の手柄になる。どちらに転んでも、自分は正しいことになる。

あなたが一国の大統領になったとしよう。あなたには、国をどのように指導していったらいいのかまったくわかっていない。さて、どうするだろうか? まずは「困難な時期」を乗り越えなければならないだろうと予想し、国民に「財布のひもを締める」よう促し、社会の膿《うみ》を取り除き、一からやり直すといった「難しい局面」を経て、ようやく状況が上向きになると予測するだろう。そして、このときに、苦しみの谷がどれほど深く、涙の川を下りきるのにどれほど長い時間がかかるかは、あえてあいまいにしておくといい。

このやり口で大成功を収めているのが宗教だ。地上の天国が実現される前に世界は崩壊するだろう。大洪水、大災害、大量の死者といった大異変は、神の大きな計画の一部で避けることはできない。そう予言された信者たちは、状況が悪化すれば予言が的中したと考え、状況が改善すれば神の恵みであると思い込む。

結論――「いったん悪化してからよくなる」と言われたら、警戒したほうがいい。そうは言っても、実際に、いったん悪化してから浮上するケースもあるので気をつけよう。たとえば、より高い資格を取得したり、より熟練した技術を身につけたりしようとすると、時間がかかることもあり、一時的に収入が減ることもある。また、企業で1つの部署全体を立て直すような場合にも、ある程度の時間が必要だろう。けれども、実際にいったん悪化はするもののその後本当に改善されるケースかどうかは、比較的早い時期に確認できる。具体的な目標を設定していれば、達成の程度を点検できるからだ。天を見上げるのではなく、目標に目を向けよう。

思考の落とし穴 13

ストーリーのワナ

なぜ、歴史的事件の意味は、
あとからでっちあげられるのか?

「身体の各サイズを測ってから服を縫い合わせていくように、人間は自分に合うように物語をつくり上げていく」とは、スイスの作家、マックス・フリッシュの言葉だ。

人生は混沌《こんとん》としている。からまった毛糸のかたまりよりもやっかいだ。想像してほしい。透明の火星人がいる。同じく透明のメモ帳を片手に、あなたのそばにやってきて、あなたがしていること、考えていること、夢見ていることをすべてメモしている。あなたの生活の観察記録はこんな感じだ。「コーヒーを飲む、角砂糖を2個」「画びょうを踏む、世の中を呪う」「隣人の女性とキスするところを夢想する」「旅行を予約、モルジブ、ひどく高い」「耳の中の毛、すぐに引っこぬく」といった具合にどんどん記録されていく。

わたしたちは、このようなごちゃごちゃと描写されたひとつひとつの出来事を撚《よ》り合わせて人生の物語にしている。そして、自分の人生をなんとか1本の線でつなげようとする。多くの人は、この線のことを「意味」と呼ぶ。物語が何年にもわたって続くと、今度はそれを「アイデンティティ」と呼ぶようになる。

自分のことだけでなく歴史に対しても、矛盾のないようにつなぎ合わせて物語をつくっていく。すると、どうなるのか？　わたしたちは歴史を1つのつながりとして「理解する」ようになるのだ。

たとえば、第1次世界大戦を終結させるために調印された「ベルサイユ条約」が、なぜ第2次世界大戦へと発展してしまったのか？　第13代米連邦準備制度理事会（FRB）議長、アラン・グリーンスパンのとった金融緩和の政策が、どうしてリーマン・ブラザーズを崩壊へと向かわせてしまったのか？　また、なぜ鉄のカーテンは解体されなければならなかったのか？　どうしてハリー・ポッターがベストセラーになったのか？

これらの原因や理由も、ストーリーをつくることで、理解できるようになる。歴史は不確かな事実だ。それでもわたしたちは物語をつくらずにはいられない。

わたしたちが「理解した」ことは、もちろん、そのことが起こった当時は誰も理解していなかった。誰にもまったく理解できなかった。なぜなら、「意味」はあとからでっちあげられるからだ。なぜかはわからない。はっきりしているのは、人間は、ものごとを科学的に考えるようになる以前から、世の中について物語で説明しようとしていた、という点だ。神話学の歴史は哲学よりも古い。そしてこうしてつくられた物語は「ストーリーのワナ」の影響を受ける。

「ストーリーのワナ」とは、物語が、わかりやすくするために真実を単純化してしまう傾向を指す。それにより、物語にうまく収まらないことはすべて排除されてしまう。

メディアの世界では、「ストーリーのワナ」が伝染病のように猛威をふるっている。たとえば、1台の車が橋を渡っていると、突然、ミシミシと音がして橋が崩れ落ちたとする。翌朝の新聞には、何が書いてあるだろうか？　わたしたちは、車を運転していた運の悪い人の話を読まされるだろう。その人はどこからやって来て、どこへ向かっていたのか。わたしたちはその人の一生を知ることになる。どこそこで生まれ、どこそこで育ち、職業はこれこれしかじかといった具合にすべてが記されている。その人が九死に一生を得てインタビューに答えられれば、橋が崩壊したときにどんな気分だったかなどを詳しく質問される。

なんと、ばかげているのだろう。というのも、それらの話にはどれも意味がないからだ。重要なのは、運が悪かった人のことではなく、橋の構造だ。つまり、橋のどこに弱点があったのか？　資材の老朽化が問題だったのか？　そうだとすればどの部分が老朽化していたのか？　そうでなかったとすれば、橋がすでに破損していたのか？

あるいは、建設方法に問題があったのか？　だが、本来の意味をもつこうした問いかけをしたところで、すべてを1つの物語にまとめられるわけではない。

わたしたちは、物語には惹《ひ》きつけられるのに、ものごとの本質をとらえるような事実からは目を背ける。だが、それが災いにつながってしまうことも多い。真に重要なことが、さほど重要でないことのせいで、その価値を引き下げられてしまうからである（だが、これは同時に幸運なことでもある。人々が本質的な事実だけにしか目を向けなかったら、世の中には実用書だけで小説は存在しなくなってしまうからだ）。

次の話のうち、あなたはどちらのほうを簡単に覚えられるだろうか？　①国王が死去し、それから王妃も亡くなった。②国王が死去し、王妃も、悲しみに暮れてこの世を去った。

一般的には、後者の話のほうが容易に覚えられるだろう。②の場合は、2つの死が単に続いたのではなく、感情で結びつけられているからだ。①は事実の記録だが、②には意味がある。①の話のほうが短いので、簡単に記憶できそうなものだが、わたしたちの脳はそうは理解しないのだ。

だからストーリー性のあるテレビコマーシャルは、商品の利点を合理的に並べただけのコマーシャルよりも効果がある。冷静に観察してみると、テレビコマーシャルの場合、物語はあくまで付属的なものにすぎず、ちっとも重要ではない。しかし、わたしたちの脳はそんなふうには考えない。物語を必要としているのだ（このことをみごとに証明したのが、アメリカの2010年のスーパーボウル中継でグーグルが流したコマーシャルだ。「Google Parisian Love」で検索すれば動画サイトYouTubeで閲覧できる）。

結論――自分の人生の記録から世界的な大事件にいたるまで、すべては「意味のある」物語に仕立てあげられている。その結果、真実は歪められる。そのことが、わたしたちの判断力や決断力を鈍らせてしまう。

対策としては、物語をばらばらに解体してみることだ。物語に隠されているものは何か、自分に問いかけてみよう。見極めるためのトレーニングとして、自分の記録をひとつひとつ個別に観察するといい。自分がいかに別々の話を結びつけて物語をつくろうとしているかに驚くだろう。

思考の落とし穴 14

回想のワナ

なぜ、起こった出来事に対して
「あれは必然だった」と思い込むのか?

回想のワナ

わたしは、ある日、大叔父の日記を見つけた。大叔父は、映画業界での成功を夢見て、1932年にスイスからフランスへ移住した。ドイツ軍がパリを占領した1か月後の1940年8月、彼はこう書いている。「ドイツ軍は年末には引きあげるだろう。みんなそう予想している。ドイツ軍の将校たちもそう言っている。フランスと同じく、イギリスもあっという間に倒されてしまうだろう。そうなれば、ようやくパリにも日常が戻るだろう。たとえドイツの領土になってしまったとしても」

今日、第2次世界大戦の歴史書をめくってみると、まったく異なる事実に直面する。実際にパリが解放されたのは、1944年8月だった。そして4年間にわたるドイツのフランス占領は、まるで、ある計画に沿って厳格に進められていったように見える。過去を振り返ると、実際に戦争に至った道は、もっとも可能性の高かったシナリオが起こるべくして起こったことと思い込む。なぜだろう？　それは、**わたしたちが、ものごとが起きてしまってから、あとになって、それは予測可能だったと考えてしまうからだ。これを「回想のワナ」という。**

今、2007年の経済予測を読み返すと、当時の2008年から2010年までの見通しが非常に楽観的なものであったことに驚かされる。だが、1年後の2008年、金融市場は崩壊した。金融危機の原因をたずねられると、当時はポジティブな予想をしていた専門家が、今日では打って変わって、厳しい表情でもっともらしく理由を挙げている。当時の連邦準備制度理事会議長、グリーンスパンのとった金融緩和や低金利政策が原因だ、明らかに不動産バブルが発生していたのに手を打たなかったからだ、金融機関が安易に住宅融資を行ったからだ……。まるで、金融危機が起こったのは必然であり、逃れようがなかったかのように思われている。

しかし、世界にはおよそ100万人もの経済専門家がいるのに、金融危機がどのように進行するかを正確に予測した者は1人もいなかった。多くの専門家は「回想のワナ」にハマり、過去を振り返って金融危機は予測できたと発言しているだけなのだ。「回想のワナ」は、取り除くのがもっとも難しいワナの1つだ。「こうなることははじめからわかっていた現象」とでも言おうか。あとから考えてみれば、すべては必然的に起こったように思える、というワナである。

たまたま幸運が重なっただけで成功したCEOは、あとで振り返ったときに、客観的な事実よりも、自分が成功することがわかっていたかのような錯覚に陥る。初期の段階で成功の可能性を十分見込んでいたと思い込むのだ。

評論家たちは、1980年のアメリカ大統領選挙でロナルド・レーガンが対立候補者のジミー・カーターに圧勝したのは必然的な結果だった、とあとになってからコメントする。しかし実際には、選挙の数日前まではどちらに転ぶかまったくわからなかったのだ。グーグル社の勢力は止めようがなかった、と今では経済ジャーナリストが書いている。ところが、1998年の設立当時にグーグル社の将来は明るいと予測したら、ジャーナリストの誰もが嘲笑していただろう。

さらに極端な例は、第1次世界大戦だ。1914年にボスニア・ヘルツェゴビナの首都サラエボで発射されたたった1発の銃弾が、その後30年にわたり全世界をひっくり返し、5千万人の命が奪われるという悲劇を招いた。だが、のちに振り返ると、それすらも必然的に起こったように思える。子どもたちは、学校で戦争は起こるべくして起こったと学ぶ。しかし1914年当時は、あれほどまでにエスカレートするとは誰も思っていなかっただろう。

なぜ、「回想のワナ」は危険なのだろうか？　それは、**自分はうまく予測できるはずだと自己過信するからである。「回想のワナ」は、わたしたちを思いあがらせ、誤った決断に導く。**

「回想のワナ」はまた、個人的なことを推測するときにも姿を現す。「聞いたかい？ジルヴィアとクラウスが別れたんだって。まあ、仕方ないさ。2人は違いすぎたんだ」。あるいは、「まあ、仕方ないさ。2人は似すぎていたからだよ」「いつもべったりくっついていたからな」「めったにいっしょにいなかったからな」というように、2人がどんなであったとしても、別れが必然的に起こったかのような推測をする。

「回想のワナ」と闘うのはたやすいことではない。この落とし穴のことを知っていたとしても、このワナにはうっかりハマってしまうことを研究結果が示している。

とはいえ、1つだけアドバイスしておこう。科学的というより、個人的な体験からのアドバイスだ。**日記をつけてみよう。政治のこと、昇進のこと、自分の体重、株の動きなど、あなたの予想を記録しておこう。そして、ときおり、メモしたことと実際の動きを比較してみる。自分がいかに無能な予言者であるかに気づき、驚くだろう。**さらに、歴史についても同じようなやり方で読んでみよう。あとから付け足され、きっちりとまとめられた理論ではなく、日記や新聞の切り抜きといった、そのときどきの記録を読むのである。すると、自分は世の中のことをまったく予測できないという感覚をより正確につかむことができるだろう。

思考の落とし穴 15

お抱え運転手の知識のワナ

なぜ、「わからない」と正直に言えないのか?

1918年、マックス・プランクはノーベル物理学賞を受賞すると、ドイツ全国各地を行脚した。招待を受けたところでは、新しい量子力学について、いつも同じことを話していた。いっしょに行動していたプランクのお抱え運転手は、いつの間にか講演の内容をそらで言えるようになっていた。

「プランク博士、いつも同じ内容の講演をなさるのは退屈でしょう。提案があります。ミュンヘンでの講演はわたくしが引き受けますから、博士はわたくしの帽子をかぶって最前列に座っていてください。そうすれば、お互いに気分転換になりますよ」

プランクはおもしろがって承知した。こうして運転手はそうそうたる聴衆を前に、量子力学についての長い講演を行った。しばらくすると、1人の物理学教授が手を挙げて質問をした。すると運転手はこう答えたそうだ。「ミュンヘンのような進歩的な街で、こんな簡単な質問を受けるとは考えてもみませんでした。わたしの運転手に答えてもらいましょう」

わたしは、このプランクの話を、世界でもっとも有名な投資家の1人であるチャーリー・マンガーに教えてもらったのだが、チャーリーによれば、知識には2種類あるという。1つは「本物の知識」。時間をかけて頭脳労働をした人たちから生まれたものである。もう1つは、先ほどの物語に登場した「お抱え運転手の知識」だ。チャーリーが言う「お抱え運転手」とは、知ったかぶりをする人のことだ。自分を実際以上に誇示する人である。その人は、魅力的な声の持ち主かもしれないし、説得力があるように見えるかもしれない。しかし、そういう人がまき散らす知識には中身がない。雄弁ではあるが、空虚な言葉ばかり使う。

「本物の知識」と「お抱え運転手の知識」を区別するのは、難しくなってきている。ニュースのアナウンサーの場合はまだいいほうだ。彼らが役者と同じであることは誰もが知っている。それなのに、アナウンサーという型にはまった言葉を話す名人にどれほどの敬意が払われていることか。彼ら自身ではまったく太刀打ちできないテーマのパネルディスカッションや演壇で司会を務めるためだけに、多額の報酬で雇われる。

アナウンサーはわかりやすい例だが、ジャーナリストの場合には「本物」と「ニセモノ」を区別するのはとても難しい。少数だが、まともな知識を身につけているジャーナリストもいる。何年にもわたり、同じテーマを専門に追ってきたもはや若くはないジャーナリストたちだ。彼らは、自分が追いかけてきたテーマについて総合的に理解し、それを正確に報道することに真剣に取り組んでいる。彼らは、例外を含めた多数の事例をとりあげ、長い記事を書く傾向がある。

だが、残念なことに、大多数のジャーナリストは「お抱え運転手」の部類に属している。手品で帽子からハトを取り出すように、どんなテーマでも、次から次へと短時間で記事に仕上げてしまう。さらにひどい場合には、インターネットから情報を収集しただけで、記事にしてしまう。そういう記事は、内容が偏っているだけでなく、「お抱え運転手の知識」しかないことをごまかすために、短くて皮肉っぽい。

企業の規模が大きくなればなるほど、CEOのエンターテイナーとしての資質、いわゆるコミュニケーション能力の高さが期待される。無口でかたくなだが信頼のおける労働者タイプでは駄目なのだ。少なくともトップにはふさわしくない。株主や経済ジャーナリストは、パフォーマンスが上手なCEOのほうが大きな成果をもたらすと信じている。もちろん、それは思い込みにすぎない。

チャーリー・マンガーのビジネスパートナー、ウォーレン・バフェットは、「能力の輪」という的確な言葉を用いている。輪の内側にあるものについては専門家のように理解しているが、輪の外にあるものについては理解できない、あるいは部分的にしかわからない、ということをたとえた言葉だ。バフェットの名言である。

さらにバフェットはこう説明している。「自分の能力の輪がわかっているなら、そこにとどまっていればいい。その輪がどれくらいの大きさかはそれほど重要ではない。しかし、その輪がどこで終わっているかを正確に知ることは非常に大切である」

チャーリー・マンガーも同じようなことを言っている。「あなたは自分の才能がどこにあるのかを見つけ出さなければならない。自分の能力を超えたところで成功しようとすると、みじめな人生を送る羽目になるだろう。それはほぼ間違いない」

結論――「お抱え運転手の知識」を信用してはならない。会社のスポークスマン、ニュースのアナウンサー、話術のうまい人……。派手なパフォーマンスや中身のない言葉で人の気を惹《ひ》いたり、型にはまったことしか発言しない人を、本物の知識をもつ人と混同しないようにしよう。

どうやって見極めたらいいのだろうか？　はっきりとしたサインがある。**本物の知識をもちあわせている人は、自分が知っていることと知らないことをよくわかっている。この種の人は、自分が「能力の輪」の外側にいるときには、何も発言しない、もしくは「わからない」と正直に、場合によっては堂々と言う。**だが、「お抱え運転手の知識」しかもちあわせていない人の口からは、この言葉は絶対に出てこないのだ。

思考の落とし穴 16

コントロール幻想のワナ

なぜ、自分の人生をすべて自分で
コントロールしていると信じるのか？

毎朝、9時少し前になると、ある場所に赤い帽子をかぶった男がやって来て、帽子を激しく振り回している。そして、5分もするといなくなる。ある日、警察官が男の前に立って言った。「ここでいったい何をしているのかね？」「キリンを追っ払っているのさ」「ここにはキリンなんていやしないよ」「そりゃあ、俺がここでがんばっているからな」

足を骨折した友人を見舞ったときのことだ。寝たきりの友人に、売店でロト6（数字選択式宝くじ）の券を買ってきてほしいと頼まれた。そこでわたしは、申し込み用紙の数字を6つマークし、友人の名前を書きこみ、支払いをすませた。そして申し込みの控えを手渡すと、彼は怒って言った。「どうしてきみが数字を選んだんだよ。自分で選ぶつもりだったのに。きみが選んだ数字じゃ、絶対に当たらないよ！」。「自分で数字を選べば、当たる確率が上がるとでも思っているのか？」とわたしはたずねた。すると、彼はきょとんとしていた。

カジノでサイコロを振るとき、たいていの人は、大きな数字を出したいときには力を込め、小さな数字を出したいときにはできるだけそっと振る。そうすれば出る数字に影響を与えられるかのようだ。サッカーファンが試合を見ながら、その試合に出ている選手と同じように手足を動かすのも、状況を自分の力でコントロールできると思い込んでいるだけで、まったく無意味な行動である。そういう錯覚を、大勢で分かち合うケースもある。新興宗教団体などが、世の中に影響を与えようとして、みんなで祈ったり、善良な思い（たとえば波動のエネルギーといったようなもの）を送り出したりして、悪い状況を変えようとするときである。

「コントロール幻想」とは、実際には自分ではどうにもできないことに対して、自分で制御でき、影響を与えられると信じてしまうことである。この現象は、ジェンキンスとウォードという2人の研究者によって1965年に証明された。

実験ではスイッチが2つと電球が1つ用意され、どのようなタイミングで電球がついたり消えたりするかを当ててもらう。単純な実験だった。電球がつくタイミングは研究者が自由に設定できるようになっていて、スイッチと電球が接続されていることもあれば、されていないこともあった。つまり、スイッチを押した場合に電気がついたり消えたりすることもあれば、スイッチとはまったく関係なくついたり消えたりすることもあった。被験者は、自分がスイッチを押したタイミングと電球がつくタイミングが多少ずれていたとしても、電球がついたり消えたりするのは自分がスイッチを押しているからだと思い込んでいた。

あるアメリカの科学者が、音に対してどれだけ苦痛を感じるかを調査するために実験を行った。音が反響する部屋に被験者を閉じ込め、被験者が止めてくれという合図を送るまで音量のレベルを断続的に上げていく。その間、被験者の反応を観察した。

実験ではまったく同じ部屋が2つ用意された。ただし、この2つの部屋、AとBには1点だけ違いがあった。Bの部屋の壁にだけ緊急を知らせる赤いボタン「パニックボタン」がついていたのだ。

結果はどうなったか？　どちらの部屋に入った人も合図を送れば実験は中止されることになっているはずなのに、Bの部屋に入った人のほうがはるかに大きな音量に耐えられたのだ。実はそのボタンはただの飾りだった。ボタンがあるだけで安心感が高まり、苦痛の限界が高まったのである。

ヴィクトール・フランクルやアレクサンドル・ソルジェニーツィン、プリーモ・レーヴィの本を読んだことがある人なら、この実験の結果には驚かないだろう。フランクルはオーストリアの精神科医で、『夜と霧』作者である。ユダヤ人であるために強制収容所に送られた。ソルジェニーツィンは、ロシアのノーベル文学賞受賞者で、ソ連時代に強制収容所に送られた経験がある。レーヴィはイタリアの化学者・作家で、アウシュヴィッツの生還者である。自分の運命にほんの少しでも影響を与えられるという思いが、とらわれの身の人々に一日一日を耐えぬく力を与えていたのだ。

ニューヨークのマンハッタンで道を渡ろうとして信号のボタンを押す。しかし、実はそのボタンは機能していない場所がある。それならば、どうしてボタンがついているのだろうか？　自分が信号の色を変えることができると、歩行者に思わせるためだ。ボタンを押すことで、信号待ちの苦痛がいくらか解消されることが実験でも証明されている。

エレベーターの開閉ボタンも、押しても意味がないことがある。ニセのボタンを本物と思い込む「プラシーボボタン」だ。また、大部屋のオフィスの室温調整もよい例だ。ある人にとっては暑すぎ、ある人にとっては寒すぎる。そこで「コントロール幻想」を利用して、各階にニセの温度調節ボタンが取りつけられている。そうすることで、暑すぎるとか寒すぎるといったクレームの数が明らかに減少する。

中央銀行のトップや財政・経済の担当大臣は、政策と称する「プラシーボボタン」を押しまくっている。ボタンが機能していない証拠に、バブルが崩壊しても、政策の効果は見られない。それなのに、経済の指導者たちも、わたしたちも、何かしら手を打てば効果が出ると思い込もうとしている。経済は根本的には操作できないシステムだと認めるのは、すべての人にとって耐え難いことなのであろう。

あなた自身はどうだろうか？　自分の人生をコントロールできているだろうか？　きっと、自分で考えているほどはコントロールできていない。自分は冷静で自己を制御できる古代ローマの〝哲人皇帝〟マルクス・アウレリウスのような人間だなどと思ってはならない。むしろあなたは、赤い帽子を振り回してキリンを追い払っている男に似ているのではないだろうか。

結論——本当に自分自身で影響を与えられることだけに専念しよう。その中でもっとも重要なことだけに集中しよう。そのほかのことはすべて放っておけばいい。

思考の落とし穴 17

報酬という刺激のワナ

なぜ、弁護士費用は
「日当」で計算してはいけないのか？

ベトナムが独立を果たす前の話だ。当時はフランス領だったハノイで、植民地政府によって次のような法律がつくられた。「ネズミの死骸を届けた者には報酬を与える」。こうすればネズミによる作物の被害が減ると思ったのだ。ところが、この法律が施行されると、報酬を少しでも多くもらおうとする人々によってネズミが繁殖され、増えてしまった。

1947年にイスラエルで「死海文書」が発見されたとき、考古学者たちは、羊皮紙の発見者に対しては、たとえ断片であっても1枚として計算し、報労金を与えることにした。すると、羊皮紙に書かれた古文書が、報労金目当ての発見者により、断片を多くするために破られてしまったという。19世紀の中国でも、恐竜の化石の発見者に報酬を出すようにしたところ、同じようなことが起こった。農民たちは恐竜の骨を完全な状態で掘り出したのに、骨の数を増やすためにばらばらにして報酬を獲得した。

大企業の監査役会で、目標が達成されたら経営陣にボーナスを支給することが決まった。すると、どうなるか？　経営陣は、できるだけ多くの利益をもたらす目標ではなく、できるだけ低いハードルを設定するのにエネルギーを注ぐようになる。

これらは「報酬という刺激のワナ」の例である。報酬に反応するのは当然のことだ。

人間は自分の利益になることをするからだ。驚くべきは、むしろ以下の2点である。1つは、わたしたちは刺激が与えられたり、刺激の内容が変わったりすると、素早く、しかも徹底的に行動の仕方を変えることだ。もう1つは、わたしたちは刺激には反応するが、刺激の背景にある意図には反応しない、という点である。

上手に刺激を与えている場合には、刺激を与える側の意図と得られる成果が一致する。具体的な例を挙げよう。古代ローマでは新しい橋が開通するときに、設計者を橋の下に立たせていた。橋を頑丈に建設するためのすばらしい動機づけだ。

一方、刺激の与え方が的確でないと、刺激を与える側の意図からそれるばかりか、意図したこととは逆の結果が導かれてしまう。

たとえば、国が好ましくない表現を制限するのを目的に、ある本を検閲したとする。ところが、検閲したことが知れわたり、逆に制限しようとしていた内容が知れわたってしまうようなケースだ。あるいは、銀行の貸付担当者が契約を1件結ぶごとに報酬をもらえるようなケースだ。銀行側は優良顧客獲得を目的としているのに、貸付担当者は報酬欲しさに、顧客の経済状況に関係なくどんどん貸付するようになってしまう。

あなたは他人や組織の行動に影響を与えたいだろうか？　影響を与えるには、重要性を説いたり自分のビジョンを伝えたりする方法がある。理性に訴えるのもいい。しかしほとんどの場合、動機づけとなる刺激を与える方法がもっとも効果的だ。刺激は、必ずしも金銭である必要はない。学校の成績やノーベル賞といったものから、果ては、立派な人に生まれ変われるというような来世での特別待遇にいたるまで、どんなことでも考えられる。

心身ともに健康で権力をもっていた中世の貴族が、馬にまたがって十字軍に参加したのは、なぜだろうか？　わたしは長い間、そのことを疑問に思っていた。聖地エルサレムに行くには少なくとも6か月かかり、敵の領土を通過しなければならない。参加者はそのことを知っていた。それなのに、なぜ、あんな向こうみずな冒険に出たのだろうか？　それは、報酬に刺激されていたからだ。生き残って帰れれば戦利品がそのまま自分のものとなる。死んでも、殉教者として天国へ行ける。どちらに転んでも、勝利を手にすることができるのだ。

弁護士、建築家、経営コンサルタント、公認会計士、あるいは自動車教習所の指導員。こういった人々の報酬を日当で計算するのはばかげている。日当に刺激され、できるだけ多くの報酬を獲得しようとして、仕事にできるだけ時間をかけようとするからだ。だから、こういう人たちに仕事を依頼する際には、事前に報酬を決めておこう。医師が、必要な処置ではないにもかかわらず、できるだけ大がかりな治療や手術をしたがることも多い。投資コンサルタントは、リスクの大きさを考えずに、手数料が手に入る金融商品を勧めようとする。こんな格言もある。「散髪したほうがいいかどうかは、床屋に聞いてはいけない」

結論――「報酬という刺激のワナ」に用心しよう。個人や組織の立派な行いに感心させられたり、奇妙な行動に驚かされたりすることがある。そういう場面に遭遇したら、そうした行動の裏の動機は何かを考えてみよう。90％の裏には、何かしら動機となる理由がある。その原因が、熱意だったり、精神的な弱さだったり、精神的な障害だったり、悪意だったりすることは、せいぜい10％にすぎない。

ある日、投資家のチャーリー・マンガーは釣り道具屋を訪れた。彼はある棚の前で足を止めた。そして、キラキラ光るプラスチックの擬餌針《ぎじばり》を手にとり、店主にたずねた。「魚は本当にこんなものが好きなのかね？」。すると店主は微笑《ほほえ》んでこう答えた。「チャーリー、ここでは魚に売っているわけではないからね。釣り針が売れるようにするには、見かけをよくして買い手を刺激するのが一番なんだよ」

思考の落とし穴 18

平均への回帰のワナ

なぜ、「医者に行ったら元気になった」
は間違いなのか？

ある男性の話だ。ひどく背中が痛む日もあれば、痛みが和らぐ日もある。子ジカのようにピョンピョン飛びまわれる日もあれば、ほとんど動けない日もある。妻が彼をカイロプラクティックの治療所へ連れていった。施術を受けた次の日は、必ず具合がよくなった。彼は、治療士の腕がいいと周囲の人々に言っていた。

もっと若い男性のケース。彼のゴルフの腕前はなかなかのもので、平均スコアは80だ。彼はいつも自分のコーチを褒めたたえていた。スコアがふるわなかったときには、すぐにそのコーチのレッスンを1時間受けた。そして、次のプレーでは再び調子が上がっていた。

3番目に登場する男性は、名の知れた銀行の投資コンサルタントだ。彼は雨乞い踊りのようなものを考え出し、証券取引の成果がひどく落ちこんだときには、いつもトイレでそのダンスを踊っていた。踊りながら、ばかげていると感じながらも、このダンスには効果があると信じていた。実際にこのダンスを踊ると、取引の成果がはっきりと上がった。

この3人の男性を結びつけるものは、「平均への回帰」と呼ばれる落とし穴だ。統計学的に見て、一方向に偏って動いたものは、すぐに偏りが解消されるように反対方

向に動くことが多い。

あなたが住んでいる街で、今、観測史上最低気温を記録したとする。おそらく、数日以内に気温は上昇するだろう。それも、だいたい月の平均気温まで戻っていく。猛暑、干ばつ、豪雨が続く場合も同じだ。天候は、平均値のあたりを上下に揺れ動く。慢性的な痛みやゴルフのハンディキャップ、株取引、恋愛運、幸せの感じ方、職業上の成功や試験の成績なども同じく、平均を中心に上下する。とてつもない背中の痛みは、おそらくカイロプラクティックで治療しなくても消えていただろう。ゴルフも、追加レッスンを受けなくても平均的なスコア80前後に落ちついたはずだ。投資コンサルタントも、雨乞い踊りを踊らなくても平均的な業績をあげられるようになるだろう。

過去3年間でもっとも値を上げた株が、その後の3年間ももっとも値を上げる株であり続けることはめったにない。多くのスポーツ選手が、自分の記事が新聞の一面を飾るときに不安を感じている。次の試合では最高の成績はとれないだろうと、無意識のうちに予感しているからだ。もちろん、次回も新聞の一面を飾れるかどうかを心配しているのではない。成績が平均的な状態に戻ることへの不安である。

企業の部長を例に説明しよう。部長は部下のモチベーションを高めたいと考え、部署の中でもっともモチベーションの低い3％の社員を、モチベーションアップ・セミナーに参加させることにした。すると、どうなるか？　その後、部下のモチベーションを再調査すると、前回の調査で最下位だった3％の社員はすべて、このグループから外れることだろう。その代わりに、ほかの3％の社員のモチベーションが下がってくる。

これで、セミナーの効果があったと言えるのだろうか？　判断するのは難しい。セミナーを受けさせられた社員は、はじめの調査の段階では確かにモチベーションがとても低かったのであろう。しかしトレーニングを受けなくても、いつも通りのやる気を取りもどし、その人たちにとっての平均的状態に落ちついていたかもしれない。

うつ病で入院している患者の場合にも同じことが言える。一般的に、患者はうつ病が少し改善された状態で退院する。とはいえ、病院での滞在がまったく意味をなさず、元のうつ状態に戻るということも十分にありえる。

もう1つ例を挙げてみよう。ボストン市では、学力検査の結果がもっとも悪かった学校は大がかりな教育支援プログラムに参加しなければならなかった。プログラムに参加させられた学校は、次の年には最低水準ではなくなっていた。担当の行政機関は、この学校の水準が高くなったのは教育支援プログラムの成果とし、単に普通の状態に戻っただけとは決して考えていない。

「平均への回帰のワナ」の存在を見落とすと、とんでもない事態を招くこともある。たとえば、教師（あるいは経営者）が、罰を与えるのは褒めるよりも効果がある、と結論づけてしまうことがある。試験でトップをとった生徒は褒められる。最下位だった生徒は叱られる。次に行われる試験では――統計的計算だけから判断すると――トップと最下位を飾るのは別の生徒だ。そのことから教師は次のように結論づける。叱るのは効果があるが、褒めるのはよくない。これは誤った推論だ。

結論――「病気だったが医者に行ったら元気になった。医者のおかげだ」とか「会社が不調な年にコンサルタントを雇ったおかげで、現在は正常に動いている」というような発言をする人がいたら、その人は「平均への回帰のワナ」にハマっているだけかもしれない。

思考の落とし穴 19

共有地の悲劇のワナ

なぜ、みんなが利用する場所では
問題が発生するのか?

共有地の悲劇のワナ

想像してほしい。ある村に青々と草の生い茂る土地が一区画だけあるとする。その土地は、その村に住む農家なら誰でも好きなように使ってかまわない。

自由に土地を使えるとなると、どの農家も、少しでも多くの牛を放牧して儲《もう》けようと考える。土地を荒らされたり、牛の病気が蔓延《まんえん》したりしない限り、共同で土地を利用していても大きな問題は起こらないだろう。牛が一定数を超えたり、土地が個人の利益に利用されたりしなければ、共同の土地利用はうまくいく。ところが状況がほんの少し変わっただけで、共有地というすばらしいアイデアが悲劇へと一転してしまう。

一般に、合理的な考え方をする人なら誰でも、自分の儲けを最大限に増やそうとする。そこで、ある農民はこう考える。「もう1頭増やしたら、どれだけ利益が増えるだろうか?」。売れる牛が1頭増えれば、追加の利益が生じる。この利益を「プラス1」とする。追加の牛を放牧することで発生する損失を「マイナス1」とすれば、その「マイナス1」は、共有地の使用者全員が負担することになる。個々の農家が負担する損失は「マイナス1」の一部分だけである。牛を増やしたい農民の立場にたてば、牛を1頭増やすのは合理的である。利益は、自分1人がまるごと手に入れられるのに、そのための負担は全員で分担するからだ。この考えのもとに、1頭、さらにもう1頭と牛の数が増えていき、しまいには共有地の秩序が崩れる。**このように、個人が利益を追い求めた結果、社会的な秩序が壊れてしまうことを「共有地の悲劇」と言う。**

「共有地の悲劇」は、文字通り、共同で利用する場所で発生する。共有地で起こる問題を解決するには、さまざまな方法があるだろう。教育し、知識を与え、宣伝活動により問題を認識してもらい、感情に訴えかける。ローマ教皇の説教やポップスターのメッセージを利用するというやり方もある。しかし、このような方法で道徳心を呼び起こすことによって、個人が理性的な行動をとるようになると期待するのは大きな間違いだ。そんなにうまくはいかない。

共有地の問題と本気で立ち向かうには、方法は2つしかない。「その土地を私有化してしまう」か、あるいは「誰かが管理する」かのどちらかだ。具体的には、青々と草の生い茂る土地が個人のものになる、あるいは牧草地への出入りを規制する。

この落とし穴をはじめて発表したアメリカの生物学者、ギャレット・ハーディンによれば、それ以外の方法を用いても共有地は崩壊の一途をたどるだけだという。たとえば、国が規制や管理を行うということも考えられるだろう。その土地に使用料を課したり使用時間を制限したりするといった方法もある。順番を決めて使うという方法もある。もっとも簡単な解決策は私有化だ。しかし、私有化せずに誰かが管理したほうがいいという説にもそれなりの根拠がある。私有化や管理がそれほど難しいのはなぜだろう？　どうして、わたしたちは社会生活の中に共有地のシステムを取り入れてしまうのだろう？　なぜなら、人間は進化の過程において、この社会的なジレンマに備えることを何もしてこなかったからだ。

その理由は2つある。1つ目は、ごく最近まで、人間は無制限に資源を使うことができたからだ。2つ目の理由は、1万年前まで、人間はせいぜい50人ぐらいの小さなグループを形成して生活していた。そういう共同体においてはそれぞれお互いをよく知っているので、自分の利益だけのために共同体を利用すると、すぐに知れわたり、ほかのメンバーから仕返しされたり、評判を落としたりするという重い罰を受けることになる。現在でも、小さなグループの中では、「恥」という拘束力が働くものだ。たとえば、友人に招待されたときに、罪になるわけではないからと、他人の家で冷蔵庫が空っぽになるまで遠慮なくガツガツ食べるようなことはしないだろう。ところが、匿名の社会になると恥も外聞もなくなってしまうのだ。

個人にだけ利益がもたらされるのに、コストは共同で負担する場合には、常に「共

有地の悲劇」が待ちうけていると言っていいだろう。CO_2の排出量、森林伐採、河川の汚染、灌漑《かんがい》用水、公衆トイレ、宇宙ごみ、〝大きすぎてつぶせない〟銀行などがその例である。だからといって、自分本位な行動がすべて道徳に反しているということではない。共有地に牛を1頭追加しようとした農民は人でなしだ、と言っているわけでもない。「共有地の悲劇」は、1つのグループが100人以上で構成され、社会の再生能力が限界に達したときに生じる単なる現象にすぎない。今後、世界中でこの問題が深刻化することは、誰にでも容易に想像つくだろう。

そもそも「共有地の悲劇」はイギリスの経済学者アダム・スミスが唱えた「見えざる手」とは反対の現象だ。状況によっては、市場の見えざる手は最善の状態には導いてはくれない。つまり、逆の状況に陥ってしまう場合もあるのだ。

当然のことながら、人類全体や生態系に与える影響を考えながら行動している人もいる。だが、国や行政が規制や管理をすることなく、個人の自主性に任せておくのは浅はかである。人間は道徳的に行動するものだなどと期待してはならない。

アメリカの小説家、アプトン・シンクレアもこう言っている。「何かを理解しないことによって収入を得ている人に、その何かをわからせるのは難しい」

思考の落とし穴 20

結果による錯覚のワナ

なぜ、「結果」だけで
評価を下してしまうのか?

100万頭のサルが株式投資を行っているとする。アトランダムに、思いつくまま株を売買している。さて、どうなったか？　1年後、およそ半分のサルは投資で利益をあげ、残りの半分は損失を出していた。2年目は、1年目に利益をあげていたサルのうちの半分が利益をあげ、残りの半分は損失を出していた。

こうして投資は続けられていった。そして10年後、正しく投資し続けたサルはおよそ1000頭になった。20年後、利益を出し続けたサルはたった1頭しかいなかった。そのサルはいまや大富豪だ。このサルを「成功ザル」と呼ぼう。

さて、メディアの反応はいかがなものだろうか？　メディアは成功ザルのもとにつめかけ、「成功の法則」を究明しようとする。そして、その法則を探り当てる。

成功ザルはほかのサルよりもたくさんバナナを食べていたのかもしれない。檻《おり》の中で1頭だけ別の場所に座っていたのかもしれない。枝を渡るときに逆さまにぶら下がっていたのかもしれないし、シラミをとるときに休憩を長くとって頭を休めていたのかもしれない。何かしら成功のレシピがあるに違いない。そうでなければ、どうやってあれほど輝かしい業績を達成できたというのだろう？　20年間、いつも正しく予想していたサルが、ただの無知な動物だなんてことはありえない！

このサルの話は「結果による錯覚のワナ」を表している。過程ではなく結果をもとに、過去に下された判断を評価してしまうという落とし穴だ。これは、「歴史家の誤《ご》謬《びゅう》」という名でも知られている。

この典型的な例として、日本軍による真珠湾攻撃が挙げられる。アメリカ軍はもっと早くに避難すべきではなかったのか？　今日考えれば、避難すべきだったことは明らかだ。攻撃が間近に迫っているという証拠がたくさんあったはずだからだ。だが、攻撃が迫っていることを証明する数々の情報は、現在の視点で見るからこそ、はっきりしているように思えるだけである。

1941年当時は、無数の相反する情報が飛びかっていた。ある情報では攻撃をほのめかしているが、別の情報によると攻撃はないと考えられる。避難するかどうかの決定が下された際に、はたしてどれほど正確な情報があったのだろうか。そのときの決定のよしあしを判断するのなら、情報が錯綜《さくそう》していた当時の状況を想像し、後日知りえたこと（とりわけ、真珠湾が攻撃されたという真実）を除外して考えなければならない。

別の例を挙げよう。あなたは3人の心臓外科医の実績を評価しなければならない。

そのために、それぞれの外科医に5人の患者の難しい手術を執刀してもらった。数年経ち、この手術による死亡率は20％前後に落ちついた。具体的な結果は以下の通りである。

外科医Aが執刀した手術では、5人のうち死亡した患者の数はゼロ。外科医Bの場合は、死亡者は1名。外科医Cの場合は2名だった。あなたは3人の医師の業績をどう評価するだろうか？　ほとんどの人はもっとも腕のいい医師はA、次にB、そしてCはもっとも能力の低い医師と順位をつけるだろう。

このように評価を下すあなたは、まさしく「結果による錯覚のワナ」にハマっている。どうしてかは、なんとなくおわかりだろう。そう、評価の対象となるサンプルが少なすぎて、手術の結果に実質的な価値がないからだ。

それでは、どうすれば、この3人の外科医を評価できるのだろうか？　あなたにその分野の知識がいくらかあり、手術の準備や執刀の様子を厳密に観察するのであれば、正しい評価ができるだろう。つまり、「結果」ではなく、「過程」をもとに評価するのである。あるいは、100例、1000例といったもっとたくさんのサンプルをもとに評価する方法もある。

別の章でも、少ないサンプルから推測してしまう落とし穴に触れるつもりだが、本章では次のことがわかればいい。統計の公式に当てはめて計算すると、先のケース(1人の医師につき5例の執刀、死亡率20%)では、標準的なレベルの外科医が執刀した場合に患者が死亡する数がゼロである可能性は33%、1人死亡する可能性は41%、2人死亡する可能性は20%である。つまり、同じレベルの外科医が執刀しても、A、B、Cの医師のケースと似たような結果になる可能性がある。そのため、5つしかないサンプルをもとに外科医を評価するのは軽率である。

結論——結果だけを見て評価してはならない。悪い結果が出たからといって、それがただちに適切な判断が下されなかったことを意味するわけではない。その逆もしかりである。間違っていたと証明された判断に不満を抱いたり、ただの偶然で成功へ導かれたある判断に満足したりするのではなく、どうしてそのように判断したのかをもう一度考えるといい。筋の通った納得のいく理由があって判断したのだろうか？　そうであれば、次回もそのように判断すればいい。たとえ、前回は失敗に終わっていたとしても。

思考の落とし穴 21

選択のパラドックスのワナ

なぜ、「選択肢」が多ければ多いほど、
いいものを選べないのか?

わたしの妹夫婦がマンションを買った。そのマンションは内装が完全にすんでいない状態だ。それからというもの、わたしと妹の間では〝普通の会話〟が成り立たない。この2か月、妹にとっては、世の中はバスルームの床を中心に回っている。陶器、御影《みかげ》石、大理石、金属、模造石、木、ガラス。あらゆる素材がよりどりみどりだ。これほど深く悩んでいる妹を見たことがない。「種類が多すぎるのよ！」。妹はそう言って、両手を頭の上で合わせると、いつも持ち歩いている見本カタログをのぞきこんだ。

そこで、近隣の店を調べてみた。わたしが暮らす地域のスーパーマーケットにはヨーグルトが48種類、赤ワインが１３４種類、洗剤が64種類もあり、全部で3万種類の商品が売られているそうだ。通販サイトのアマゾンでは２００万種類もの商品が購入できる。現代人は、５００種類を超える精神病、何千種類もの異なる職業、５０００種類の休暇の行先と、はかり知れない多彩なライフスタイルを好きなように選ぶことができる。過去に、これほど多くの選択肢があったことはない。

わたしが子どものころには、ヨーグルトは3種類、テレビは3チャンネル、教会は2か所、チーズは2種類（テルジット産のシャープとマイルド）、魚は1種類（マス）、電話機は電電公社から支給された1種類しかなかった。ダイヤル式の黒い箱は電話をかけるだけでほかの機能はなく、当時はそれで十分に用が足りていた。今日では携帯電話販売店に足を踏みいれると、機種の多さと契約内容の複雑さに窒息しそうだ。

とはいえ、やはり選択の幅の広さは発展のバロメーターでもある。自由な選択は、石器時代にも、計画経済の社会にも存在しない。**選択肢が多いことは、わたしたちを幸せにしてくれる。だが、限界がある。限界に達すると、余分なものがあることで生活の質が逆に落ちてくる。この落とし穴を専門用語で「選択のパラドックス」と呼ぶ。**

心理学者バリー・シュワルツは、自らの著書『なぜ選ぶたびに後悔するのか――オプション過剰時代の賢い選択術』（武田ランダムハウスジャパン刊）の中で、「選択肢が多くなるとかえって不幸になる理由」を3点挙げている。

第1の理由は、選択肢が多すぎると考えることをやめてしまうからである。

あるスーパーマーケットで、ジャムを24種類陳列し、客に割引クーポン券を配って自由に試食してもらった。翌日、同じスーパーマーケットで、試食のジャムを6種類に減らして同じ実験を行った。どちらの場合も購入できるジャムは24種類だった。結果はどうなったか？　なんと、売上げが前日の10倍になった。どうしてだろう？　客は、品数が多くなると決断できなくなり、その結果、何も買わなくなる。実験は別の商品でも行われたが、いつも同じ結果になった。

第2の理由は、選択肢が多すぎると、誤った決断を下してしまうからだ。

若い人に、人生のパートナーに求める条件として重要なことは何かとたずねると、誰もが立派な性格を並べたてる。賢い、礼儀正しい、心が温かい、聞き上手、ユーモラス……。さらに肉体的な魅力を挙げることもある。しかし、実際にパートナーを選ぶ際に、これらの条件が考慮されているのだろうか?

かつて、平均的な大きさの村では、若い男性1人に対して候補となる同年代の女性の数は20人ぐらいいた。その男は、女性たちを学生時代から知っているので、彼女たちがどういう人物かをそれなりに判断できた。ところが、現在のように、インターネットの出会い系サイトを利用する時代においては、候補となる女性が何百万人といる。選択肢の多さに大きなストレスを感じ、男性の脳はそれまでたくさん挙げていた条件を1つに絞りこんでしまう――「肉体的な魅力」と。このことは実験でも証明されている。このような選び方をするとどうなるか、結末はおわかりだろう。あなたも身に覚えがあるかもしれない。

第3の理由は、選択肢が多すぎると、不満を感じるようになるからである。

200種類もある商品の中から完璧なものを選んだかどうか、どのようにしたら確信がもてるのだろう？　答えは、「確信などもてるはずがない」だ。選択肢が増えれば増えるほど、正しいものを選んだかどうかに自信がもてなくなり、不満を覚えるようになる。

では、この現実に、どうやって対処したらいいだろうか？　**目の前にある選択肢をあれこれ吟味する前に、まず、自分が望んでいることをよく考えるのだ。選ぶポイントを書き出し、その条件を満たしたものを手に入れるようにする。それから、基本的には完璧なものなど選ぶことはできない、と考えるようにしよう。**最高のものを追求するのは――大量の選択肢を前にしては――理屈に合わない完璧主義である。「まずまずの答え」で満足しよう。

そう、人生のパートナー選びにも同じことが言える。本当に完璧でなければならないのだろうか？　無制限に選べる時代には、むしろ完璧な人を選ぶことはできないのだ。「まずまずな」相手が選べれば上等ではないか（もちろん、あなたとわたしは例外で、最高のパートナーを選んだはずだが）。

思考の落とし穴 22

「あなたが好き」のワナ

なぜ、自分に似ていれば似ているほど
相手を好きになるのか？

ケヴィンはボルドー産の極上ワイン、シャトー・マルゴーを2ケース買った。彼はめったにワインを飲まない——ましてやボルドーワインはまったく飲まない。しかし彼は、店員の女性がとても感じがいいと思った。女っぽいとか刺激的だったというわけではないが、とにかく彼女に好感をもったのだ。だからワインを買ってしまった。

　世界でもっとも偉大な自動車セールスマンとして知られているジョー・ジラード。彼の成功の秘訣《ひけつ》は、ずばり、こうだ。「自分がその客のことを大好きだと客に信じこませることほどいい方法はない」。ジラードの殺しのテクニックは、かつての客も含めたすべての得意先に毎月、あいさつ状を送ることだ。そこにはたった一言こう書かれているだけだった。「あなたが好きです」

「あなたが好き」のワナは、誰にでもすぐに見透かされる落とし穴だ。それなのに、わたしたちはくり返しそのワナにかかってしまう。この落とし穴は、誰かのことを感じがいいと思えば思うほど、その人から商品を買ってしまったり、その人を助けてあげようという気になってしまったりする傾向を言う。

　さて、感じがいいとはどういうことなのか？　実験により、他人に好感を覚えるときのいくつかの要因が明らかになった。その要因とは以下の通りだ。①外見が魅力的。②出身、人間性、関心が向いている方向が自分と似ている。③相手が自分に好意を抱いてくれている。この3つである。順を追って説明していこう。

テレビコマーシャルは魅力的な人たちであふれかえっている。醜い人は心地よい印象を与えないため、広告の担い手としてはふさわしくないのだ（①のケース）。外見がとても魅力的な人と並んで、〝あなたやわたしのような〟普通の人もコマーシャルに登場する（②のケース）。外見や話す言葉、生活の背景が見ている側と似ている人だ。人間は、自分に似ていれば似ているほど、相手を好ましく感じる。それから、コマーシャルではお世辞や褒め言葉を並べることも珍しくない――「あなたにふさわしい」というような言葉だ。このときに③が効果を発揮する。わたしたちは、自分のことを好ましく思っているという信号を送ってくれた人に対して好感をもつ傾向がある。そう、褒め言葉には奇跡を起こす効果があるのだ。たとえ、その言葉がまったくの嘘《うそ》であったとしても。

「ミラーリング」とは、好意をよせている相手のしぐさを無意識のうちに真似《まね》てしまうという心理学の効果のことだが、この効果はセールスのテクニックとして利用され

ている。**営業マンが顧客のしぐさや話し方を真似るのだ。**相手がゆっくり静かに話したり、額をたびたび掻《か》いたりすると、同じようにゆっくり静かに話し、ときどき額を掻くと効果がある。顧客の目には目の前の営業マンが好意的に映り、それによって契約が成立する可能性が高まる。

友人を通して売買をするマルチ商法は「あなたが好き」のワナだけで成り立っている。同じような密封容器がスーパーマーケットでは4分の1の価格で買えるのに、タッパーウェアの年間売上げは20億ドルにのぼるという。どうしてか？　タッパーウェア・パーティーを開く友人が、好感を与える条件を完璧に満たしているからだ。

自然保護団体も「あなたが好き」のワナを利用している。世界自然保護基金（WWF）のポスターの写真にクモやミミズや海藻や細菌が使われているのを見たことがあるだろうか？　おそらくそれらの生物も、パンダやゴリラやコアラやアザラシと同じくらい絶滅の危機に瀕《ひん》している。生態系にとってはむしろ、パンダやゴリラよりも重要でさえある。だが、わたしたちはクモやミミズや海藻や細菌などに対しては親しみを感じない。人間と似たような目をした動物のほうに、より大きな親しみがわくのである。名前も形もわからない生物が絶滅しても、仕方ない程度にしか感じないのだ。

政治家は「あなたが好き」のワナの鍵盤の上を走り回り、みごとな演奏を披露する。聴衆に合わせてさまざまな共通点を見つけ出し、力説する。あるときは居住地区のことを、あるときは社会的な出身について、またあるときは経済的な関心に重点を置く。わたしたちはそれを聞いて決して悪い気がしない。ひとりひとりが必要とされているような気分にさせられるのだ。「尊き1票を！」。もちろん、個々の票には価値がある。しかし、それは非常にわずかな価値である。

オイルポンプの営業をしている友人が、ロシアでのパイプライン設置事業で何十億円という契約が成立したときの様子を話してくれた。「賄賂を渡したのか？」とたずねたわたしに、彼は首を横に振った。「雑談をしていたら、急にヨットの話になったんだ。そうしたら、客もぼくも470級の小型ヨットの大ファンだとわかったんだ。その瞬間から、ぼくらは友人さ。それで、取引が決まったのさ。共感し合うほうが、賄賂を渡すよりもうまくいくよ」

結論――ものを買うときは、売り手の人柄で商品の価値を判断しないようにしよう。売り手のことは、存在しないと考えるか、さらにいいのは、その人は感じの悪い人と考えることだ。

思考の落とし穴 23

所有のワナ

なぜ、「自分のもの」になったとたんに
価値は上がるのか？

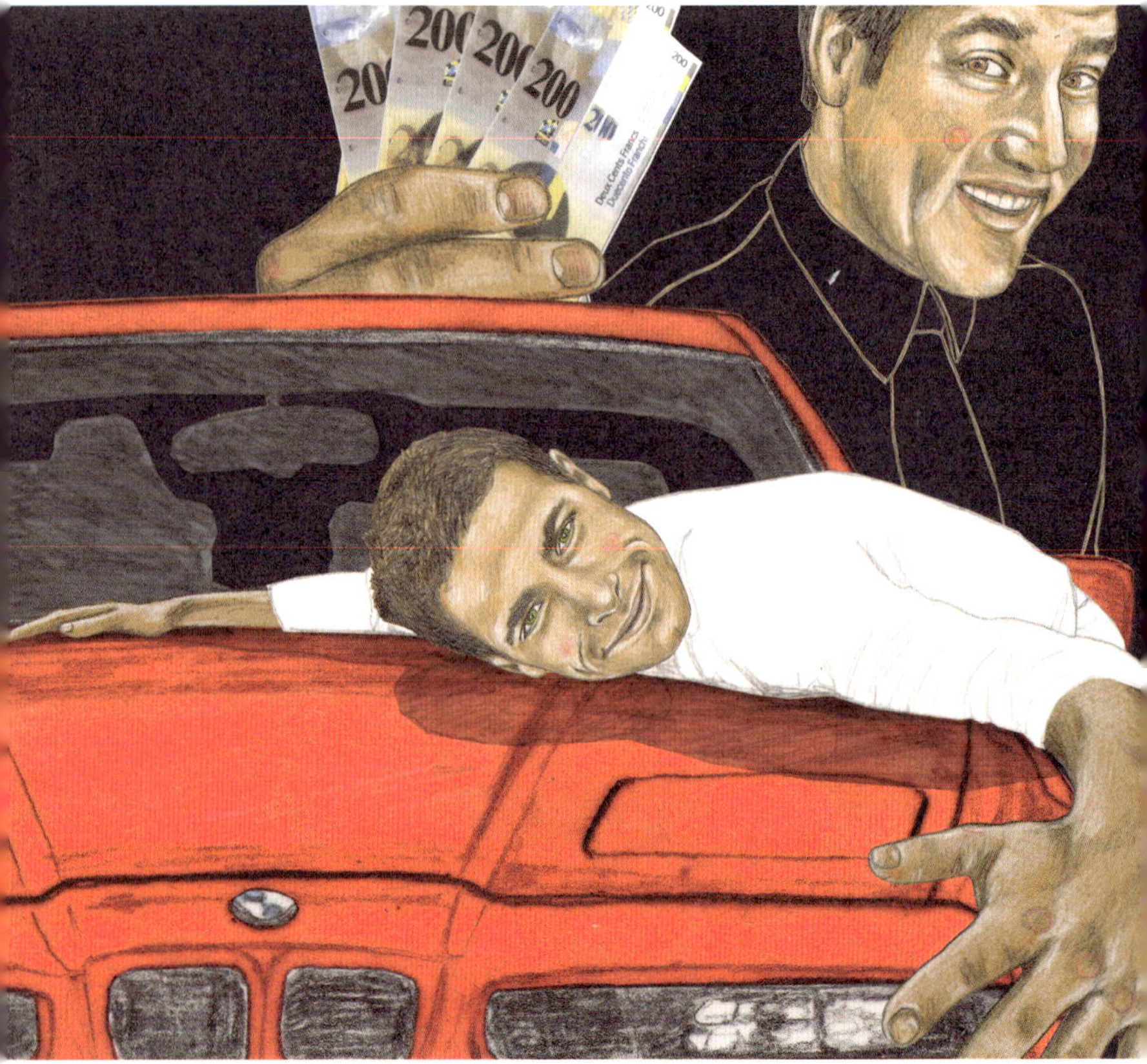

中古車販売店の駐車場で、掘り出しものの1台のBMWを見つけた。走行距離はいくらかあったものの、状態は申し分ない。それにしても、5万ユーロという価格は明らかに高い。中古車にはそれなりに詳しいわたしの目には、この車の価値はどんなに高くても4万ユーロにしか映らなかった。しかし、販売員は安くする気配はない。

だが1週間後、その販売員から連絡があり、「4万ユーロで売ってもいい」と言われた。わたしはそれで手を打った。翌日、そのBMWに乗り、ガソリンスタンドで給油をした。すると、スタンドの主人が話しかけてきて、「キャッシュで5万3000ユーロ払うからその車を譲ってくれ」と言うではないか。わたしは売る気はないと断った。そして、自分はずいぶんと理屈に合わない行動をとっていたと、家へ向かう途中でようやく気づいた。わたしの目に4万ユーロの価値しかなかったものが、自分のものになったとたんに5万3000ユーロ以上の価値があるような気になったのだ。そうでなければ、車をすぐに転売していたはずだ。

この落とし穴を「所有のワナ」と言う。同じものでも、自分のものになると、そうでなかったときよりも価値があると感じてしまうことだ。別の言い方をすると、何か

を売ろうとするときに、自分ならこれくらい払ってもいいと思っている金額よりも、相手には高く要求することである。

心理学者ダン・アリエリーはこんな実験をした。抽選でしか手に入らないバスケットボールの大事な試合のチケットを、抽選に外れた学生にいくらなら買ってもいいかとたずねてみた。学生たちが払ってもいいと言った金額の平均は170ドルだった。そのあとで、チケットを当てた学生たちに、いくらだったら手放してもいいかをたずねたところ、平均の売値は約2400ドルになった。所有したものの価値を高く見積もる1つの証拠である。

不動産ビジネスの世界にも「所有のワナ」が見られる。売る側は自分の家の価値をいつも市場価値よりも高く評価してしまう。一般的な取引価格であっても、所有者側は、こんな値段で買い叩《たた》くなんて不公平だ、失礼だ、と感じてしまう。なぜなら、所有者は自分の家に愛着があるからだ。所有者は、こうした感情的な付加価値の分も購入者が支払うべきだと考えているのである。もちろん、それはばかげたことである。

ウォーレン・バフェットの右腕として知られるチャーリー・マンガーも、「所有のワナ」を体験している。彼は、若いころに桁外れに儲《もう》かる投資を勧められたことがあった。当時、残念ながら彼はすでにめいっぱい投資をしていた。要するに現金が手元になかったのだ。新たな投資をするには投資先の1つから手を引かなければならない。だが、彼は手を引かなかった。「所有のワナ」がそうさせてしまったのだ。こうしてチャーリーは、投資先の1つから手を引くことができなかったばかりに、500万ドル以上をむざむざと逃してしまったのである。

手放すことは、貯《た》めることよりもはるかに難しい。自分の家の中がガラクタだらけになってしまうのを見てもそれはわかるだろう。切手や時計や絵画の愛好家たちが、自分のコレクションをめったなことでは交換も売却もしないのはこのためだ。

驚くべきことに、わたしたちはすでに自分のものになっている場合だけでなく、もうじき自分のものになりそうな状況でも、「所有のワナ」の魔法にかかってしまう。

クリスティーズやサザビーズといった競売会社は、「所有のワナ」をうまく利用することで存在している。最後まで入札に参加している人たちは、この芸術品は〝ほぼ〟手に入れた、という気持ちになっている。すると、その人たち、つまり未来の落札者にとって、手に入れようとしているものにしかるべき価値が出てくるのである。その結果、予算を超えた金額を払ってもいいと思ってしまう。それに、入札競争から脱落すると、負けた気分になるのだろう。そうなると、あとに引けなくなる。だがこれは、無意味な行動である。たとえば、資源の採掘権や携帯電話の周波数の競争入札のような大きなオークションの場合には、しばしば「勝者の呪い」というワナにハマりこむ。これは、オークションの勝者（落札者）が、高い値段をつけすぎてしまったために、思いがけなく経済的な窮地に追いこまれてしまうことを言う。この「勝者の呪い」については、思考の落とし穴36で詳しく説明しよう。

あなたが、ある求人に応募したものの採用されなかったら、がっかりするだろう。最終選考で断られたとなれば、失望感はいっそう大きくなる。だが、よくよく考えてみればそんなふうに感じる必要はない。なぜなら、あなたには、はじめから2つの可能性しかなかった。その職に就けるか、あるいは就けないかだ。ただ、それだけのことだ。

結論——所有意識をなくすためにも、できるだけ、「自分のものではない」と考えるようにしよう。自分の所有しているものは、「宇宙」から一時的に借りただけ、と考えるようにしよう。いつでも、すべてをもっていかれてしまう可能性があるのだと思っていよう。

思考の落とし穴 24

共時性の奇跡のワナ

なぜ、「ありえないようなこと」でも、
いつか起こるのか?

1950年3月1日のことだ。午後7時15分、アメリカのネブラスカ州ベアトリスという小さな町の教会では、聖歌隊のメンバー15人が練習に集まってくるはずだった。ところが、さまざまな理由から、その時刻になってもメンバーは1人も来ていなかった。牧師一家の遅刻の理由は、妻が娘のワンピースにアイロンをかけていたからだった。ある夫婦は、車のエンジンがかからなかったために時間通りに来られなかった。オルガン奏者はいつもなら30分早く来ているはずなのに、夕食後にうたた寝をしてしまった。そんな具合に、誰1人予定の時間には教会にいなかった。

そして7時25分。教会で爆発が起こった。ドカンという爆発音が町中に響きわたった。壁は吹き飛ばされ、屋根は落下し、建物は崩壊した。この爆発で、奇跡的に犠牲者は出なかった。爆発の原因はガス漏れだった。**聖歌隊のメンバーは、自分たちが遅刻して、あの時刻に教会にいなかったのは神様のお告げと確信している。さて、本当に神の御手が働いたのだろうか、それともただの偶然だろうか？**

先週、わたしは、ふと昔のクラスメート、アンドレアスのことを考えていた。彼とはもう長いこと連絡をとり合っていなかった。すると突然、電話が鳴った。まさにそのアンドレアスからだった。「テレパシーが働いたんだ！」。わたしは少々興奮気味に声を上げた。さて、これはテレパシーが通じたからだろうか、単なる偶然だろうか？

１９９０年10月５日、日刊紙「サンフランシスコ・エグザミナー」は、半導体メーカー、インテル社がライバル会社のＡＭＤ社を提訴すると報じた。インテル社は、ＡＭＤ社が「ＡＭ３８６」の名でマイクロプロセッサを売り出そうとしているのを察知し、「３８６」は明らかにインテルの商標の盗用だと訴えていたのだ。

興味深いのは、インテルがどのようにしてそのことを知ったのか、ということだ。偶然にも、両社にはマイク・ウェブという名の社員がいた。２人のマイク・ウェブは同じ日に、カリフォルニアの同じホテルに宿泊した。そして、２人ともチェックアウトしたあとで、ホテルはマイク・ウェブ宛の小包を受け取る。互換プロセッサＡＭ３８６に関する機密資料の入ったその小包を、ホテルは誤ってインテル社のマイク・ウェブに転送してしまった。中身はすぐにインテルの法務部に回され、大騒ぎになった。

こういった話は、どれくらいの確率で起こるのだろうか？　**スイスの精神科医で心理学者のカール・グスタフ・ユングは、このようなケースには、「共時性」と名づけられた未知なる力が作用していると指摘している。**

論理的に説明してみよう。まず、１枚の紙と１本の鉛筆を用意する。そして最初のケースで、教会の爆発が起こった可能性について考えてみよう。

紙に十字線を引いて4つのマス目をつくり、起こりえた組み合わせをすべて書き出す。最初のマスには実際に起こったケースを書く。「聖歌隊・遅刻／教会・爆発」。ほかにも3つの組み合わせが考えられる。「聖歌隊・遅刻／教会・爆発しない」。「聖歌隊・遅刻しない／教会・爆発」。「聖歌隊・遅刻しない／教会・爆発しない」。それから、その状態がどれくらいの頻度で起こるか推測する。

さてここで、4番目の「聖歌隊・遅刻しない／教会・爆発しない」ケースに注目してみる。この状態はどれくらいの頻度で起こっているだろうか？　毎日、何百万という教会で聖歌隊が定時に集まって練習し、教会も爆発していない。しかし、絶対に爆発しないという保証はないことに気づくだろう。すると、教会が爆発した話は、想像を絶することではなくなってしまう。反対に、数百万も教会があるのに100年間で一度も爆発事故が起こらないほうがありえないと思えてくる。同様に、ガス爆発で犠牲者が出なかったことも、まったくありえない話ではないことがわかる。**ほんの少しでも確率があるということは、発生する可能性があるということだ。つまり、犠牲者が出なかったのは神の御手が働いたわけではない。**

電話のケースも同じように考えられる。さまざまな状況を思い浮かべてほしい。アンドレアスはあなたのことを考えていたが、電話はしなかった。あなたはアンドレアスのことを考えていたが、彼は電話をかけてこなかった。彼は電話をかけてきたが、あなたは彼のことを考えていなかった。あなたは彼に電話をかけたが、彼はあなたのことは考えていなかった。そして、あなたは彼のことを考えていないし、彼も電話をしてこない瞬間も無限といえるほどたくさんある。

とはいえ、人間は起きている時間の90%は他者のことを考えている。ほとんどすべての時間をさまざまな人々を思い浮かべながら生活しているのであれば、2人の人間が同時にお互いのことを考え、どちらかが電話をかけてくるという状況が一度も発生しないことはありえないだろう。それに、相手はアンドレアスだけではない。親しい知人が100人いれば、その人たちのことを考える回数も多くなり、時間も長くなる。そのため、思い浮かべている相手から電話がかかってくる確率も高くなる。

結論――考えられないような偶然とは、めったに起こらないものの、少しでも起こる可能性のある出来事のことを言う。それが起こっても、驚くことはない。驚くとすれば、むしろ一度も起こらなかった場合である。

思考の落とし穴 25

集団思考のワナ

なぜ、「意見が一致したら
要注意」なのか?

集団思考のワナ

あなたはミーティングの席で、遠慮して自分の意見を言えなかったことがないだろうか？　きっとあるはずだ。何も言わず、相手の提案にうなずく。結局のところ、あなたは反論して煙たがられたくないのだ。それに、他人と異なる自分の意見に自信がないのかもしれない。口をそろえて賛成している連中だって馬鹿ではない、だから自分の意見は正しくなさそうだ、と口をつぐむ。

だが、そこにいる全員がそんなふうに行動したとすれば、それこそ「集団思考のワナ」にハマっている。賢い人間の集まりだったはずなのに、愚かしい決定を下してしまう。それぞれが、誤った推測に合わせようとして、自分の意見を述べないまま賛成してしまうからだ。**その結果、ひとりひとりが普通の状況で判断していたらそうはならなかった愚かしい決定が、集団で話し合ったために下されてしまう。まさに「集団思考のワナ」である。**これは、4章で触れた落とし穴「社会的証明のワナ」の中の特別なパターンだ。

1960年3月、アメリカの諜報《ちょうほう》機関は、反共産主義のキューバからの亡命者を組織化し、カストロ政権転覆計画を開始した。1961年1月、ケネディ大統領は就任2日目にして、秘密裏に進められていたキューバ侵攻計画について諜報機関から知らされた。
1961年4月上旬、ホワイトハウスで重大な会議が開かれた。その席で、ケネディと側近全員がこの侵攻計画に同意した。その結果、1961年4月17日、1400名のキューバ人亡命者からなる反革命部隊が、アメリカ海軍と空軍、そしてCIAの支援のもと、キューバ南海岸・ピッグス湾に上陸した。目的はフィデル・カストロ政権転覆だ。

ところが、1つとして計画通りにはいかなかった。上陸当日、物資補給船は1隻も海岸に到達しなかった。先頭の2隻はキューバ軍に撃沈され、続く2隻は逃げ帰ってしまったからだ。2日目、反革命軍はすでにキューバ軍に完全に包囲されていた。そして3日目、生き残った1200名の戦士が捕虜となり、収容所に送られた。

ケネディのピッグス湾事件はアメリカ外交史上、もっとも大きな失敗の1つとされている。驚くべきは、侵攻が失敗に終わったことではなく、このような不条理な計画が実行されてしまったことである。侵攻による肯定的な見通しがことごとく間違っていたのだ。

たとえば、アメリカはキューバ空軍の力を完全に過小評価していた。また、反革命部隊は、万が一の場合にはエスカンブライ山脈に隠れ、そこを拠点に反政府運動を展開できると踏んでいた。キューバの地図を少しでも見ればわかりそうなものだが、ピッグス湾から逃亡予定先のエスカンブライ山脈までは150キロも離れており、そこに到達するまでに、容易には渡れそうにない湿地帯が広がっている。ケネディや側近たちは、これまでに合衆国政府をまとめてきたもっとも賢い人たちだというのに、全員一致で侵攻に賛成してしまった。1961年1月から4月の間に、いったい何が起こったのだろうか？

アメリカの心理学教授、アーヴィング・ジャニスは、数多くの大失敗（フィアスコ）について研究している。**大失敗の事例に共通するのは次の点である。結束の固いグループのメンバーが、「幻想をつくり上げること」で連帯意識が強まる。しかも無意識のうちにそうなるのである。**

幻想の1つは、自分たちを不死身であると思い込むことだ。「我々の指導者（ここではケネディ）とグループのメンバー（側近）が、この計画はうまくいくと確信しているのだから、この決断は正しい」という考え方だ。次に抱くのが、満場一致の幻想である。「みんなが賛成している以上、自分の意見だけが間違っているのだろう」と考えたり、本当は異論があるのにそれを表に出さなかったりしたことで、全員賛成と見なされてしまうという錯覚である。さらに、自分だけが結束を乱す壊し屋にはなりたくないという思いにもとらわれる。結局、自分の意見に忠実になるより、そのグループの一員でいたいという思いが勝るのである。反対すれば、グループから追放されてしまうかもしれないのだから。

「集団思考のワナ」は経済の世界でも見られる。典型的な例は、2001年のスイス航空の経営破綻だ。CEOを取り巻くコンサルタントグループが、過去の成功に足元をすくわれ、ハイリスクな拡大戦略に対する反対意見をまったく出せなかったのだ。

結論――結束の固いグループの中で意見が一致しているときには、必ず自分の意見を言おう。たとえ歓迎されない内容であったとしても。話し合われないテーマの裏に隠されていることを探ってみよう。いざとなったら、ぬるま湯のような仲良しグループから追放されることも覚悟しよう。あなたがグループをまとめる立場にいるならば、〝悪魔の代弁者（異論を唱える人）〟を決めておこう。その人は、仲間の中で人気者にこそならないだろうが、もっとも重要な人物にはなるかもしれない。

思考の落とし穴 26

確率の無視のワナ

なぜ、宝くじの当選金額は
どんどん高くなるのか?

2 種類の宝くじがある。1つは10億円が当たるくじ。もう1つは100万円が当たる。あなたはどちらを買うだろうか？

1つ目のくじに当たれば人生は変わるだろう。仕事を辞め、すぐに利息で生活できるようになる。2つ目のくじでは、最高賞金を当ててもカリブ海の豪華な旅を楽しんだら、それでお金はなくなってしまう。

くじに当たる確率は、1つ目のくじが1億分の1、2つ目は1万分の1。さて、あなたはどちらを選ぶだろうか？

客観的に見れば、2つ目のくじのほうが当たる確率ははるかに高いわけだが、わたしたちは1つ目のくじに惹《ひ》かれてしまう。当選確率がどんなに低かろうが、宝くじの1等の当選金額がどんどん高くなっていく理由はそこにある。

1972年に行われた実験は有名である。実験の参加者はAとB、2つのグループに分けられた。グループAのメンバーは、必ず電気ショックを受ける、と伝えられた。グループBには、電気ショックを受ける可能性は50％、つまり半分の確率だと伝えられた。研究者は被験者の肉体的な興奮度（心拍数や手のひらの発汗具合、緊張の度合いなど）を、電流が流れると思われるタイミングの少し前に測定した。

結果は驚くべきものだった。A、B、両被験者の間には、興奮の度合いに差が見られなかったのである。両方のグループの被験者はまったく同じように反応していた。その後、研究者は、グループBの電気ショックを受ける確率を20%、10%、それから5%と下げていった。それでもなお、グループAとBの間に差は見られなかった！　電圧を強めると、両グループの被験者の肉体的な興奮度は高まった。けれども、両グループの間に反応の違いは見られなかった。

つまり、わたしたちは、ある出来事（たとえば当選金額の大きさや電圧の強さ）の予測される結果の規模や程度には反応するが、そのことが起こる確率には反応しないということだ。言い方を変えれば、わたしたちは確率を直感的に理解する力をあまりもっていない。起こる確率は考えずに事実だけに反応してしまう落とし穴を「確率の無視のワナ」と言う。

この落とし穴にハマるのは、たとえば起業したばかりの企業に投資するようなときだ。わたしたちは、手にすることができるかもしれない利益に惹きつけられる。しかし、そもそも立ち上げたばかりの企業が、期待しているほど大きな利益をあげる確率がどれほどあるかを割り出すことを忘れている（または、面倒なので計算しない）。

あるいは、大規模な航空機事故が起きたというニュースを耳にしただけで、飛行機が墜落する確率はほんのわずかしかないことを忘れ、自分が予約していた飛行機をそそくさとキャンセルしてしまう（航空機事故が起こったあとでも事故が起こる確率は以前とまったく変わらないというのに）。

多くのシロウト投資家は、利回りだけを考えて投資先を比較する。彼らには、利回り20％の急成長を遂げる企業の株への投資は、利回り10％の不動産投資よりも2倍の利益があるように見えるだろう。分別があれば、さまざまな側面から2つの投資先のリスクを比較するのだろうが、多くの投資家には危険に対する感覚が欠けている。そのために、リスクを計算するのを忘れてしまうのだ。

電気ショックの実験に話を戻そう。グループBが電気ショックを受ける確率はさらに5％から4％、3％へと下げられていった。結局、確率が0％になるまで、グループAとBの間には異なる反応が見られなかった。ほんの少しでもリスクが残っているのと、まったくない状態とでは大違いなのだろう。

さて、次の2つの飲料水の浄水処理を比較し、どちらを実施するかを判断してほしい。作業Aを実施すると、不衛生な水が原因で死亡する率が5％から2％に減少する。

作業Bを実施すると、1%から0%にすることができる。つまり、完全に浄化されるわけだ。

さてあなたなら、A、Bどちらの作業を選ぶだろうか？　たいていの人は、Bを優先的に選ぶだろう。だが、これは愚かしい選択である。それというのも、Aを優先させれば死亡率が3%も下がる。それに対してBはたったの1%だ。AはBよりも3倍も効果があるのだ！　この落とし穴は「ゼロリスク志向」と呼ばれる。これについては、次の章で詳しく述べるとしよう。

結論――わたしたちは、危険がまったくない状態を除いては、さまざまなリスクを正しく判断することはできない。リスクを直感的にとらえることができないので、計算しなければならない。ロト6のように確率がわかっている場合にはリスクの計算は簡単である。けれども日常生活においては、リスクを推測するのは難しい。だが、リスクを無視して通り過ぎるわけにはいかないのだ。

思考の落とし穴 27

ゼロリスクのワナ

なぜ、危険を徹底的になくそうとすると
痛い目にあうのか?

ゼロリスクのワナ

あなたはロシアンルーレットに参加しなければならない。6連発のリボルバーのシリンダーをカラカラカラと回し、銃口をこめかみに当てて引き金を引く。

ここで、第1の質問。あなたはシリンダーに弾が4発入っていることを知った。ここから弾を2発取り出してもらうのにいくら払うだろうか?

第2の質問。あなたは、リボルバーに弾が1発しか入っていないことを知っている。この1発の弾を取り除いてもらうのに、どれくらいの価値をつけるだろうか?

このケースでは、ほとんどの人が同じ答えを出している。第2の状況では死亡する可能性がゼロになるので、第1の状況よりも多くお金を積んでもいいと考える。確率を計算した結果だけから言えば、この選択はナンセンスだ。なぜならば、死亡する可能性が第1の状況では「6分の2低くなる」のに対し、第2の状況では「6分の1しか下がらない」。それをもとに計算すると、第1の状況は第2の状況よりも「2倍の価値がある」はずなのだ。それなのに、わたしたちは、危険がまったくない状態のほうが価値が高いと思ってしまう。

前章の実験からもわかるように、**わたしたちはリスクの大きさを区別するのが苦手である。リスクの内容が深刻であればあるほど、問題が感情的なものであればあるほ**

ど（たとえば放射能問題）、危険率が下がっても安心できないという傾向がある。

シカゴ大学の2人の研究者が実施した実験では、わたしたちは有毒化学物質による汚染の危険性が99%ある場合でも1%しかない場合でも、どちらも同じだけの恐怖を感じることが証明されている。不合理ではあるが、これが一般的な反応だ。危険のまったくない状態（ゼロリスク）だけしか価値があると思えないのだ。わたしたちは、光に吸い寄せられる虫のようにゼロリスクに引き寄せられ、**ほんの少ししか残っていない危険を完全に取り除こうとして、しばしば巨額の資金をつぎこんでしまう。ほとんどすべてのケースに言えることだが、その資金を別のリスクを削減するために投入できたかもしれないのである。この判断ミスを「ゼロリスクのワナ」という。**

「ゼロリスクのワナ」が招く判断ミスの典型的な例は、1958年にアメリカで実施された食品添加物規制の大幅改正だ。改正法では、発がん性のある添加物は微量であってもリスクが認められる限り、食品に使用してはならないとされていた。この徹底した禁止（ゼロリスク）は、当初はすばらしいことのように思えた。ところが結果的に、発がん性はないものの、より危険な添加物が使用されるようになってしまった。

ゼロリスクを追求するのはばかげている。16世紀、スイスの医師であり錬金術師でもあるパラケルススの時代から、毒は分量によって毒にも薬にもなることが知られている。所詮、アメリカが実施したような食品添加物を規制する法律をつくったところで意味はない。というのも、食物に含まれている目には見えない〝禁止された〟分子までをも取りのぞくことなどできないからだ。そんなことをしようとすれば、農家は半導体製造工場のように、厳密に農産物を生産しなければならなくなる。不純物がまったく含まれていない自然食品の価格は100倍に跳ねあがるだろう。コストを考えた場合、リスクをまったくなくすことが意味をもつケースはほとんどない。例外として考えられるのは、たとえば研究施設から危険なウィルスが流れ出てしまったような、途方もなく深刻な結果を招く事態ぐらいである。

交通事故のゼロリスクを達成するには、制限速度を時速0キロメートルに制限するしかない。しかし、そんなことは現実的ではない。この場合にはゼロリスク達成はできないと考え、はっきりと数字に表れている年間死亡者数を受け入れるのが賢明だ。

あなたが一国の長だとする。そして、あなたはテロ襲撃の可能性を排除しようとしている。そこで、あなたは国民1人につき1人のスパイを配置する。それぞれのスパイにさらにスパイをつける。すると、たちまち国民の90%が監視する側の人間になってしまう。危険分子を排除するために国民同士が監視し合うような社会に存続する力がないことを、わたしたちはすでによく知っている。

株式市場はどうだろうか？　ゼロリスク、つまり絶対的な保障はあるのだろうか？　残念ながらそんなものは存在しない。株を売った金を銀行口座に入れておいたとしても安全とは言いきれない。銀行が倒産する可能性もある。インフレがあなたの蓄えを食いつぶしてしまうかもしれないし、通貨改革で財産を失うことも考えられる。忘れないでほしい。20世紀に、ドイツでは新しい通貨を二度も導入しているのだ。

結論——ゼロリスクに対して抱く幻想に別れを告げよう。貯蓄、健康、結婚生活、友情、敵対関係、そして祖国。何一つとして確実なものなど存在しない。そう考えて生きていこう。確実なものは存在しないとはいえ、幸いなことに失われにくいものは存在する。それは、自分の内側からわき起こる幸福感だ。宝くじを当てて億万長者になろうが、足が麻痺《まひ》して歩けなくなろうが、その人の本質的な幸福の感じ方が変わることはない。そのことはあとの章で紹介する実験結果でも証明されている。幸せな人は何が起ころうがいつでも幸せであり、不幸せな人はいつでも不幸せである。この点については、思考の落とし穴47の「満足の踏み車のワナ」で詳しく説明する。

思考の落とし穴 28

希少性の錯覚のワナ

なぜ、少ししかないクッキーは
おいしく感じるのか?

女友だちの家でお茶をごちそうになった。わたしたちが会話を楽しんでいる間、彼女の3人の子どもたちが家の中ではしゃぎまわっていた。そのとき、わたしは思い出した。お土産にビー玉を袋いっぱいもってきたのだった。わたしは床にビー玉をばらまくと、これで暴れん坊たちもおとなしくなるだろうと期待していた。しかし、当て外れだった。というのも、すぐに激しい喧嘩《けんか》が始まってしまったからだ。

はじめは何が起こったのかさっぱりわからなかった。そこで、注意深く観察してみた。**数えきれないほどあるビー玉の中に、たった1つ、青いビー玉がまざっていた。子どもたちはそれを奪い合っていたのだ。ビー玉はどれも同じ大きさで、キラキラと美しく輝いている。しかし青い玉には、ほかの玉にはない決定的な強みがあった。そう、珍しいということだ。**わたしは笑った。子どもってなんて単純なんだろう！

だが、単純なのは子どもだけではない。2005年8月、グーグルが、「選ばれた人」、しかも「招待された人」だけがアドレスを手に入れられる電子メールサービスを開始すると聞きつけたわたしは、グーグルのメールアドレスを手に入れるのにえらく夢中になった。そして、ようやく手に入れた。

いったいどうしてそんなに夢中になっていたのだろうか？　Eメールアドレスが必

要だったわけではない。その時点ですでに4つもアドレスをもっていたのだから。グーグルのサービスがライバル会社よりよかったからでもない。誰もが簡単に手に入れられるものではない、ただそれだけの理由で、グーグルのメールアドレスが欲しかったのだ。今になってみると、笑わずにはいられない。なんて単純だったのだろう！「珍しいものには価値がある」と古代ローマ人は言った。事実、「希少性の錯覚のワナ」は、人類の歴史と同じくらい古くから存在している。

3人の子どものいるその友人は、副業で不動産業を営んでいる。彼女は、迷っている客に決断させようとするときは、客に電話をかけ、次のように伝えるそうだ。**「昨日、ロンドンにお住まいのお医者さんが見学にいらしたんですよ。とても関心がおありでしたよ。おたくさまはいかがですか？」**。ロンドンの医師は——ときには教授だったり銀行家だったりするのだが——もちろん作り話だ。ロンドンの医師がもつ効果はてきめんだ。迷っている客が、それによって決断するのだ。どうしてか？　提供されている物件がなくなるかもしれないという「希少性の錯覚」にだまされるのである。

客観的に見るとおかしな話である。客にとってはその土地を提示された価格で買いたいか買いたくないか、ということだけが重要なのであって、〝ロンドンの医師〟など本来はまったく関係ないはずなのだ。

スティーブン・ウォーケル教授は、2つのグループがクッキーの質を評価する実験を行った。グループAはクッキーを箱ごともらった。グループBは2枚だけしかもらわなかった。**結果は、クッキーを箱ごともらったグループAよりも、2枚しかもらわなかったグループBの被験者のほうが、クッキーの質をはるかに高く評価した。**実験は何度もくり返されたが、毎回同じ結果が出た。

「在庫がなくなり次第終了！」。宣伝やコマーシャルでの決まり文句だ。「本日限り！」。ポスターが叫び、期限が差し迫っているのを知らせる。画廊経営者は、大半の絵画の下に赤い丸印をつけておく。売約済みという意味だが、それによってその絵に注意を向けさせる効果がある。また、わたしたちは切手、硬貨、古い型や旧式のものを収集する。もはや役に立たないものばかりだ。しかし、そんなことはどうでもいい。重要なのは、それらが希少な存在だということだ。

ある実験で、学生たちに10枚のポスターを好みの順に並べてもらった。お礼として、学生たちはその中の1枚をもらえることになっていた。さて、並べ終わってから5分後、「3番目にいいと評価したポスターは、ここにあるのが〝最後の1枚〟で二度と手に入らない」と被験者の学生に告げる。その後もう一度、10枚のポスターを好きな順に並べてもらう。すると、最後の1枚と言われたポスターは、前回よりも魅力度がアップし、順位が上がった。**心理学ではこの現象を「リアクタンス」と呼ぶ。選ぶ自由がなくなると、手に入れることができなくなってしまったその選択肢が以前よりも魅力的に思えてしまう現象のことである。**

また、人間は選ぶ自由を奪われると反発心を抱くこともある。そのためリアクタンスは「ロミオとジュリエット効果」とも呼ばれている。シェイクスピアの悲劇に登場する2人の若者の恋は、禁じられていたためにあれほど高まったのだ。ロミオとジュリエット効果が現れるのはロマンチックな場面だけではない。アメリカでは、学生パーティーが催されると酔いつぶれるまで飲む学生が多いというが、それは（多くの州で）21歳未満は飲酒が禁止されているからだろう。

結論——希少なものに反応しているときには、論理的には考えられない。だから、あるものの価値を評価するときには、価格だけでなく、それがどれくらい役に立つかを基準に判断しよう。わずかしかない、〝ロンドンの医者〟も欲しがっている、そういったことは重要ではないのだ。

思考の落とし穴 29

基準比率の無視のワナ

なぜ、直感だけで判断すると
間違えるのか?

マルクスはメガネをかけている痩せた男性で、モーツァルトを好んで聴く。さて、どちらの可能性が高いか？ ①マルクスはトラックの運転手。②マルクスはフランクフルトにある大学の文学部教授。

たいていの人は②と予想する。しかし、この予想は間違っている。ドイツには、「フランクフルトの大学の文学部教授」よりも「トラックの運転手」のほうが1万倍は多くいる。だから、マルクスはトラックの運転手である可能性のほうがはるかに高い。彼がモーツァルトのファンであったとしてもだ。

なぜ、このように考えてしまうのだろうか？ 描写に惑わされ、冷静な目で統計的な真実を判断できなくなってしまうのだ。この落とし穴を専門用語で「基準比率の無視のワナ」と言う。「基準比率」とは、状況全体における割合を意味する。マルクスの例で言えば、トラックの運転手と文学部教授の割合である。それを考えに入れずに（無視して）、わかりやすい情報をもとに直感的に判断してしまうのだ。この「基準比率の無視」は、もっとも頻繁にかかりやすいワナの1つである。実際に、ジャーナリストや経済の専門家、さらに政治家は、決まってこのワナにかかってしまう。

次の例を見てみよう。傷害事件で少年が重体に陥った。さて、どちらの可能性が高いか？　①犯人は、ファイティングナイフを不法に輸入しているボスニア人。②犯人は、中間層の家庭のドイツ人少年。

今度は、あなたにも推測の仕方がわかるはずだ。②のほうがはるかに可能性は高い。ドイツには、ボスニア人のナイフ輸入業者よりも中間層家庭のドイツ人少年の数のほうが圧倒的に多いからだ。

医学の世界では、「基準比率の無視のワナ」が重要な役割を果たしている。たとえば、ひどい頭痛が続く場合、ウィルス感染、または脳腫瘍の可能性がある。ウィルス感染は、脳腫瘍よりはるかに頻繁に（より高い割合で）起こる症状だ。医師はまず、腫瘍ではなくウィルスが原因ではないかと推測する。非常に道理にかなった判断である。

どこの大学の医学部でも、医学生は「基準比率の無視のワナ」にハマって直感で誤った判断を下さないようにするためのトレーニングを受けている。アメリカでは、医師になろうとしている人なら誰もが聞かされる言葉がある。「ワイオミングで蹄《ひづめ》の音が聞こえ、白黒の縞《しま》が見えたような気がしても、それでもやっぱり馬だろう」。つまり、風変わりな病気と推測する前に、まず標準的な可能性に目を向けよ、ということだ。

「基準比率の無視のワナ」による間違った判断を下さないためのトレーニングを受け

られる職業は、残念ながら医師だけである。

新しい企業を見ると、その野心的な経営目標、製品やアイデア、経営者の人となりに感心させられることもある。そして、そういう企業を目にすると、決まってこんな考えが頭をよぎる。「次のグーグル社になるかもしれないぞ!」。けれども、起業したばかりの企業が成功する割合に目を向けてみれば、冷静にならざるを得ない。新しい会社をつくり、その会社が5年後まで生き延びる可能性はおよそ20%。その後、国際的な巨大企業へと成長する可能性はどれくらいあるだろう? 可能性はほとんどない。

ウォーレン・バフェットは、バイオテクノロジー企業に投資しない理由をこう説明した。「バイオテクノロジー企業の中で、何億ドルもの売上げをあげる会社はいくつあるだろうか? ほとんどない……もっとも可能性の高いシナリオは、まったく発展しないこと。よくてもせいぜい中規模程度の企業にしか成長しない」。これは「基準比率のワナ」をもとにした考え方である。

レストランでワインを試飲し、そのワインがどこの国で生産されたか言い当てなければならないとする。ボトルのラベルははがされている。あなたが――わたしのように――ワイン通でなければ、そのレストランでふだん提供されているワインの種類をもとに推測するしかない。あなたは以前、このレストランで食事をしたことがあり、ワインリストの4分の3はフランス産だったことを思い出した。そこであなたは、チリ産やカリフォルニア産ワインの独特の味がすると思ったとしても、賢明にフランス産と推測することだ。

ときおり、わたしは経営学部の学生たちを前に講演することがある。若者たちに将来の目標をたずねると、たいていの学生は国際的な企業で働き、遠くない将来に役員になることと答える。わたしの学生時代もみんなそんなふうに答えていたし、わたし自身もそうだった。しかし、わたしは違うことに生きがいを見出し、別の道を選んだ。いまや、わたしは、学生に「基準比率の無視のワナ」を矯正する集中講義を行うことが、自らの使命だと考えている。

「この大学を卒業し、コンツェルンの役員になれる確率は1％未満です。みなさんがいくら賢かろうが勤勉だろうが、もっとも可能性のあるシナリオは中間管理職で終わるということです」。こう言ったとたん、学生たちは驚いて目を丸くする。わたしは、将来訪れるミッドライフ・クライシス（中年の危機）のショックが軽くなるよう、役立つアドバイスをしているのだと思っている。

思考の落とし穴 30

ギャンブラーの錯覚のワナ

なぜ、「プラスマイナスゼロに調整する力」を
信じてしまうのか?

1913年夏、モンテカルロのカジノで信じられないようなことが起こった。ルーレットテーブルの周りに引き寄せられてきた者はみんな、腰を抜かさんばかりに驚いた。球が20回連続で黒のポケットに落ちたのだ。

こんな好機を逃すわけにはいかない、と大勢のプレイヤーが赤に賭けた。けれども、次に出たのも黒だった。さらに大勢が押しかけて、チップを赤の上に置いた。今度こそ色が変わるぞ！　けれども、次に出たのも黒。そしてまた黒。その後も黒は続いていった。そして27回目。ついに赤のポケットに球が落ちた。この時点までに大半のプレイヤーは大金を失い、破産していた。

大都市の学校では、生徒の知能指数の平均値は100である。ある研究調査のために、あなたは50人の生徒を無作為に選ぶとする。あなたがテストした最初の生徒のIQは150だった。さて、この50人の生徒の平均知能指数はどれくらいになるだろうか？　わたしがこの質問をした人たちのほとんどが100と予想した。彼らはどういうわけか、50人の中にIQ50の非常に知能の低い生徒が1人（あるいはIQ75の生徒が2人）いて、はじめにテストした非常に頭のいい生徒の知能指数と調整されて平均値になる、と考えているのだ。しかし、このようにサンプルの少ない調査では、平均値になることはあまりない。残りの49名が全国平均値に相当する、つまり彼らのIQが100である場合を計算に入れなければならない。IQ100の生徒が49名と150の生徒が1名の場合には平均知能指数は101になる。

モンテカルロのカジノと生徒の無作為抽出の調査が示していることは、何だろうか。それは、**わたしたちは「運命をプラスマイナスゼロに調整する力」が存在している、と信じていることだ。これを「ギャンブラーの錯覚のワナ」、または「ギャンブラーの誤謬《ごびゅう》」と呼ぶ。**

しかし、ひとつひとつ、1回1回につながりがない出来事には、全体を調整するような力は働かない。ルーレットの球が、黒のポケットに落ちた回数など思い出すことはない。友人は、時間をかけてロト6の当選番号を書きこんだ表を作成し、それを使って数字を予想している。いつも、これまで当選番号になった回数がもっとも少ない数字を選ぶことにしているのだ。だが、この作業は無駄である。「ギャンブラーの錯覚のワナ」のいい例だ。

次のジョークは「ギャンブラーの錯覚のワナ」をよく表している。ある数学者は飛行機に乗るときに、爆弾を1つ手荷物に入れている。彼はその理由をこう説明した。

「機内に爆弾が1つ存在する確率は非常に低い。だが、2つ存在する確率は、さらに低く、ほとんどゼロに近いからだ！」

硬貨を3回投げた。そして、3回とも表が出た。次に表と裏のどちらが出るか、10万円賭けなければならないとする。あなたなら、どちらに賭けるだろうか？ たいていの人は、次に表と裏が出る確率は同じだというのに、裏が出る確率のほうが高いと考えてしまう。これもよく知られている「ギャンブラーの錯覚のワナ」である。

硬貨が50回投げられ、50回とも表が出た。さて、次に出るのは表か裏か？ 賢いあなたはそこで微笑《ほほえ》む。それというのも、この章をここまで読み、次に出るものは前に出たものとは関係がないことを知っているからだ。そうだ、表も裏も50％の確率で出るのだ。とはいえ、こういう考え方がさっとできるのは数学のプロの職業病で、普通の常識をもった人であれば、50回も連続で表が出るなんていかさまに違いないと疑い、表が出ると考えるだろう。

思考の落とし穴18では「平均への回帰のワナ」について触れた。たとえば、あなたが暮らしている場所で、観測史上最低気温を記録すると、何日もしないうちにおそらく気温が上昇する、というものだ。天候が賭け事のような動きをするなら、気温は50

%の確率で低下し、50%の確率で上昇するだろう。けれども天候は賭け事ではない。からみあった複雑な相互作用により、極端な値が調整されて元の状態に戻るようになっている。

もっとも、極端さがどんどん強まっていくケースもある。たとえば、裕福な人はどんどん裕福になっていく。上昇する株は、話題になり、注目されているだけで、ある程度のところまでは何もしなくてもひとりでに需要を生み出していく——調整とはあべこべの現象だ。

結論——目の前で起こっている出来事が、前の出来事の影響を受けているかどうか、前後につながりがあるかないか、じっくりと観察しよう。こんなふうに考える必要があるのは、カジノにいるとき、宝くじを買うとき、それに数学の確率を説明した本を読むときくらいだろう。ふだんの生活の中では、たいていの出来事はすでに起こっていることと関係があり、将来起こることに影響を与えている。だから（「平均への回帰のワナ」に当てはまるケースは別として）、「運命をプラスマイナスゼロに調整する力」の存在は忘れてしまおう。

思考の落とし穴 31

アンカリングのワナ

なぜ、商談のときには
なるべく高い価格から始めるべきなのか?

ドイツの宗教改革者、マルティン・ルターの生まれた年はいつか？　覚えていない、しかも携帯電話のバッテリーが切れていて調べることもできない。さて、あなたならどうやってルターの生まれた年を知ろうとするだろうか？

たとえば、次のように考える。ルターがヴィッテンベルクの教会の扉に95か条の論題をかかげたのは1517年だった。そのことをあなたは知っているかもしれない。そこから考えると、そのときの彼の年齢はおそらく20歳以上であり、しかも、あのような勇気ある行動に出られるだけの年齢に達していたと想像できる。

論題を発表後、彼はローマ教皇庁の審問を受け、異端者として罪を負わされ、最終的には破門された。その後、ルターは聖書をドイツ語に翻訳し、政治的な圧力を受けることになった。ということは、彼は1517年以降もかなり長く生きていたということだ。したがって、1517年にはまだそれなりに若く、かといって若すぎない年齢、30歳前後だったと推測できる。そこから逆算すると、生まれた年は1487年が妥当な答えだ（正解は1483年）。

あなたは、どのような方法でルターの生年を割り出しただろうか？　ここでは、基準となる位置――1517年――をアンカー（錨《いかり》）で固定し（これを「アンカリング」

と言う）、そこから正解を求めようとした。

ライン川の長さ、ロシアの人口密度、フランスの原子力発電所の数など、何かを推測するとき、わたしたちはこの「アンカリング」を行う。すでにわかっていることを基準にし、わからないことを割り出そうとするのである。そうでないなら、どうやって見積もることができるだろうか？　ひらめきで適当な数にする？　だが、それは理性的な割り出し方ではない。

愚かなことに、わたしたちはまったく根拠のないところでも「アンカリング」を行ってしまう。1つの例を紹介しよう。

教授が無名のワインボトルを机の上に置き、講堂にいた学生に、自分の社会保険番号の下2桁を紙に書かせ、その際に、このワインにいくらまでなら出してもいいか考えるよう指示した。そのあとで、ワインは入札形式で競り落とされることになった。

すると、社会保険番号の数が大きな学生は、数の小さな学生よりもおよそ2倍の金額で入札していた。ここでは、社会保険番号がアンカーの働きをしてしまったのだ。学生たちは気づかないうちに、関係のない数字をワインの価値と思い込んでしまったのだ。

心理学者エイモス・トヴェルスキーは、ルーレットのような回転盤を置き、実験の参加者に回してもらった。回転盤が止まり、数字が確定したとたんに、国連加盟国の中でアフリカ諸国が占める割合はどのくらいかという質問を被験者にした。回転盤が示す数値が高かった被験者は、示す数値が低かった被験者よりも、アフリカ諸国が占める割合を高く見積もっていた。

エドワード・ルッソとポール・シューメーカーという2人の研究者が、フン族の王アッティラがヨーロッパで壊滅的な打撃を受けた年を当てるよう、学生たちに質問した。社会保険番号の実験と同じ要領で、被験者は自分の電話番号の下3桁の数字で「アンカリング」された。その結果、番号が大きな学生は遅い年を、番号が小さな学生は、逆に早い年を挙げた。ちなみに、アッティラが敗北した年は451年である。

別の実験を紹介しよう。学生と不動産業者が1軒の家へ案内され、その家の価値を評価するよう指示された。事前に、彼らには、適当に考え出された「販売価格」が知らされていた。予想通り、学生たち、つまりプロではない人たちは、アンカーに影響されてしまった。事前に知らされた金額が高ければ高いほど、その家を高く評価した。

では、プロの不動産業者は影響を受けずに判断したのだろうか？　決してそうではなかった。彼らもまた同じように無作為にあてがわれたアンカーに影響されていた。対象となるもの——不動産、会社、美術品——の価値が漠然としていればしているほど、プロでさえも「アンカリング」されやすくなってしまうことが証明された。

アンカーはどこにでも存在し、わたしたちをしっかりと固定している。実験でも証明されていることだが、教師が生徒の成績をつける際に、その生徒の以前の成績を知っていると、かつての成績に影響されてしまうという。過去の成績表がアンカーとして作用するのだ。多くの製品に表示されている希望小売価格もアンカーにほかならない。販売のプロは、早い時期にアンカーを設定しなければならないことを心得ている。それも、商談に入るよりもはるか以前にだ。

わたしは若いころ、コンサルティング会社で働いていた。当時の上司は、「アンカリング」のプロだった。顧客とのはじめての面談ですでに、業界での一般的な料金をはるかに上回る、犯罪とも言えるような金額にアンカーを設置するのだった。「こちらが価格提示をしたときに、驚かないようにお伝えしておきますよ。おたくのライバル会社で似たようなプロジェクトを扱ったときには、5億円ほどでした」と「アンカリング」した。そうすると価格交渉は、5億円からスタートするというわけだ。

思考の落とし穴 32

帰納的推理のワナ

なぜ、ちょっと株価が上がっただけで
大金をつぎこんでしまうのか?

あるところに1羽のガチョウがいた。ガチョウは農家に飼われていた。はじめのうち、この臆病な鳥はとまどっていた。「どうして、人間はエサをくれるのだろう？　何かたくらんでいるのではないだろうか？」。数週間が過ぎた。農民は相変わらず、毎日、ガチョウの足元にエサをまき、鳥の疑いの気持ちはしだいに和らいでいった。それから数か月が過ぎた。ガチョウは人間を信頼するようになっていた。「人間はとっても親切だ！」。ガチョウの確信は日に日に強まっていった。こうしてクリスマスがやってきた。人間は親切だとすっかり信じきっていたガチョウは、囲いから連れ出され、売られていった。そして、ごちそうにされてしまった。ガチョウは「帰納的推理のワナ」の犠牲になってしまった。

「帰納的推理」とは、1つの事例から法則を導き出す推論の仕方である。ここではガチョウが「農民は親切だ」から「人間はみんな親切だ」と導いてしまったわけだ。

スコットランドの哲学者、デイヴィッド・ヒュームはすでに18世紀に、まさしくこの例を用いて「帰納的推理のワナ」に注意するよう警告していた。「帰納的推理のワナ」にかかりやすいのはガチョウだけではない。わたしたちは1つの観察結果を見ただけで、それがいつも当てはまると結論づける傾向がある。これは非常に危険である。

ある投資家がX社の株を買ったとしよう。株価は目にも止まらぬ速さで上昇していった。当初は投資家も慎重だった。「これはきっとバブルだぞ。まだ上がったとしても、いつかは下がるはずだ」。だが、数か月たっても、株価はなおも上がり続け、それまではただの予想だったたのものが確信へと変わった。「この銘柄はもう下落しない!」。半年後、彼はその株に貯金のすべてをつぎこんでしまった。そして今、財産をすべて失う瀬戸際にいる。「帰納的推理のワナ」の犠牲になったのだ。

だが、「帰納的推理のワナ」を反対に利用することもできる。これを使って他人から金を引き出す方法があるのだ。まず、株価の予想を10万人にメールで送る。半数には、来月の株価は上昇すると予想し、残りの半分に対しては下落を予想する。1か月後、株価が下がったとしよう。ここで再びメールを送る。ただし今回は、前の月に株価は下落するという正しい予想を送った人たち5万人にだけメールする。この5万人を再び2つのグループに分け、片方には来月の株価は上昇、もう片方には下落と書く。こうして続けていくと、10か月後には、あなたが正しくアドバイスをし続けた人が100人残る。この100人にとっては、あなたは英雄だ。彼らはあなたを本物の予言者であると思うだろう。すると、あなたの信奉者の何人かは、自分の財産をあなたに委ねるだろう。そうしたら、その金をもってブラジルへ逃避行するというわけだ。

相手をだますだけではない。自分で自分をだましてしまうこともある。めったに病気にならない人は、自分はいつまでも元気でいられると思っている。何期も連続で利益が上がっていることを株主総会で報告できるCEOは、自分は失敗はおかさないと考えているだろう。社員と株主たちも、彼なら間違いないと思っている。

ベースジャンプが趣味の友人がいた。ベースジャンプとは、断崖や電波塔の上や高層ビルの屋上から飛び降り、ぎりぎりの瞬間にパラシュートを開いて着陸するという危険なスポーツだ。一度、ベースジャンプは危険ではないか、と彼にたずねたことがある。そのときの答えは「ぼくはもう1000回以上も飛んでいる。でも、これまで何も起きていないから大丈夫だよ」。この会話を交わしてから2か月後、彼は命を落とした。南アフリカのとりわけ危険な断崖から飛び降りて失敗したのだ。1000回証明されてきた法則も、たった1回、逆の結果になっただけで吹き飛ばされてしまう。

この友人のケースのように、「帰納的推理のワナ」は恐るべき結果をもたらすこともある。だが、「帰納的推理」は、わたしたちが生活をしていく上では不可欠な考え方でもある。たとえば、飛行機に乗るときに、この飛行機には航空力学の法則が当てはまらない、落ちるかもしれないとは考えないし、道を歩いているときに、通りすがりの人に殴られるかもしれない、危ない、などとは思わない。わたしたちは、飛行機が飛ぶのは当たり前だと思っているし、特に心配をしないで道を歩いている。そして、自分の心臓は明日も動くものと思い込んでいる。それは信頼や思い込みであるが、こういった信じる気持ちはなくてはならないものだ。

しかし、どんな分野でも、確信できることはすべて一時的なものでしかないということを忘れてはならない。ベンジャミン・フランクリンはこう言っている。「この世で確かなものがあるとすれば、それは、死と税金だけだ。この2つは避けて通れない」

「人類はこれまでずっと科学を進歩させてきた。だから、我々にもできる。未来に向けてさらに大きな目標にチャレンジし、達成するぞ」。こんな考え方に惑わされてはいけない。見落としていることがある。それは、このような発言ができるのも、これまでわたしたちが生き残ってきたからだという点である。**わたしたちが現在存在しているという事実だけから、わたしたちが将来も存在していると推測するのは、重大な間違いである。人類の未来に影響を与えかねない危険をはらんだ考え方だ。**「帰納的推理のワナ」は、おそらくもっとも重大な意味をもつ落とし穴だろう。

マイナスの過大評価のワナ

なぜ、「悪いこと」は「いいこと」より
目につきやすいのか?

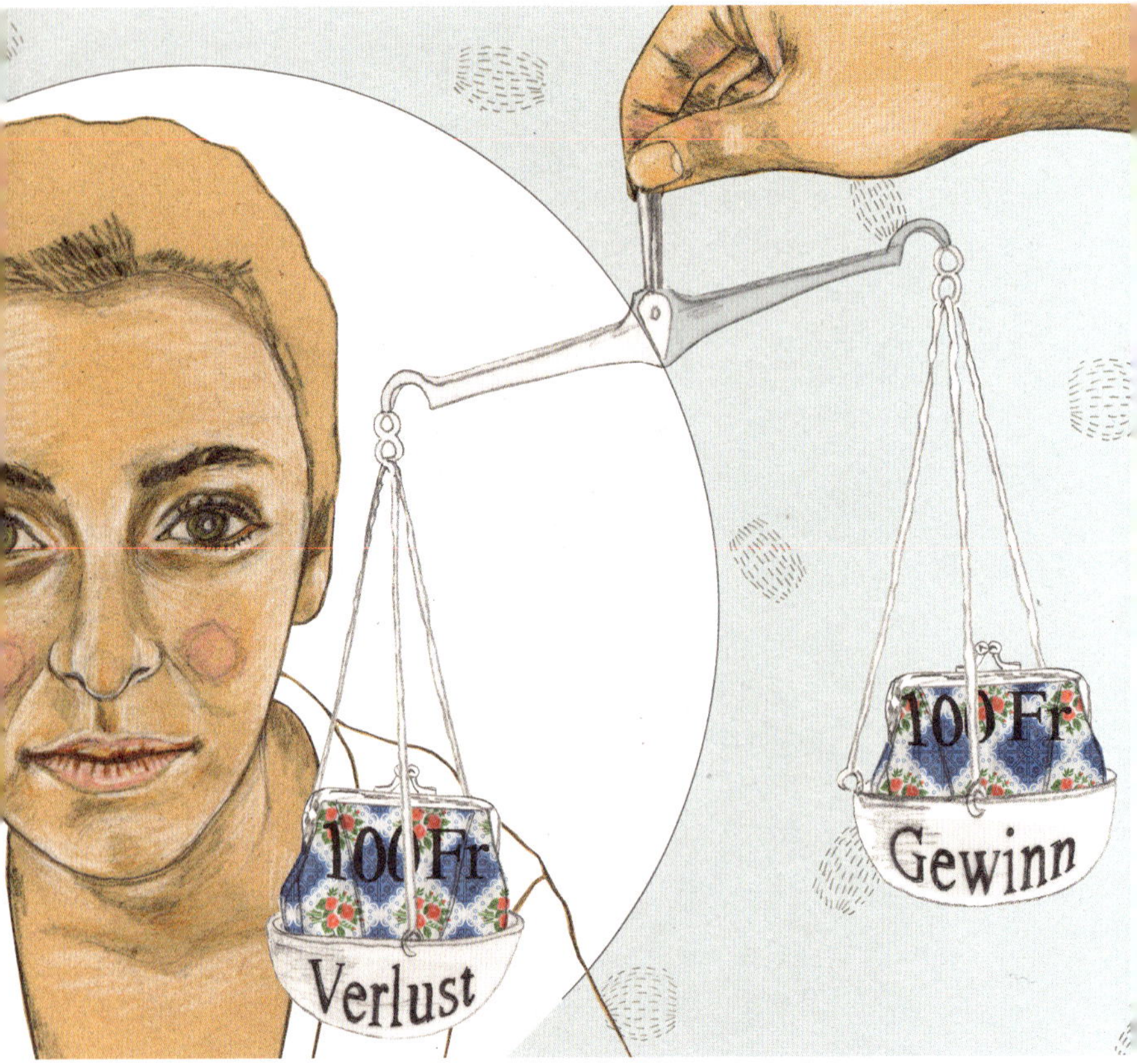

今日のあなたはどんな気分か、1から10までの数字で表してみよう。ここで、2つ質問をする。第1の質問。どのようなことが起こると、あなたの幸福度は最高の10に届くだろうか？ 長いこと夢に見ていたフランス南部のコート・ダジュールでバカンスを楽しむことだろうか？ 出世階段を1段昇ることだろうか？

第2の質問。どんなことが起こったら、あなたの幸福度は10から下がり、元の位置に戻る、あるいはそれよりも低くなってしまうだろうか？ あなたの気持ちを落ちこませるような出来事とは、どのようなことだろうか？ 下半身麻痺《まひ》で歩けなくなってしまうことだろうか？ アルツハイマーになることだろうか？ がんやうつ病を患ったとき。戦争や飢餓、拷問に苦しむとき。経済的な困難に直面するとき。自分の名声を傷つけられたり、親友を失ったり、わが子が誘拐されたり、あるいは死が迫っているときだろうか？

もうお気づきだろう。「下降」するときは「上昇」するときよりも受ける衝撃が大きい。悪いことはいいことよりも重大なのだ。

かつて、人間の進化の過程において、プラスよりもマイナスを大きく評価する傾向は、今よりはるかにはっきりと現れていた。愚かな失敗は死を意味していたからだ。

狩猟で注意を怠ったり、ケガをして動けなくなったり、グループから追放されたり、というように、あらゆることが原因で人間は姿を消していったのだ。不注意な人間、あるいはあえて危険に立ち向かっていくような人間は、自らの遺伝子を次の世代へ残す前に死んでいった。注意深く行動した人間だけが、次の世代に生き残った。わたしたちはその生き残りの子孫である。

わたしたちが利益よりも損失を大きく見積もってしまうのも不思議なことではない。1万円を失くしてしまったときのほうが、1万円をもらったときよりも、そのことを強く意識する。損失を受けると、同じ程度の利益が出たときにもたらされる喜びのおよそ2倍の苦痛を感じる、つまり、**損をしたときに失われた満足感――ショック――は、得をしたときの満足感では埋め合わせられないということが実験で証明されている。こうした傾向を「マイナスの過大評価のワナ」と言う。**

だから、他人を説得したいときには、可能性のある「利益」について説明するのではなく、発生する恐れのある「損失」を防ぐことを根拠にするといい。女性の乳がんの早期発見キャンペーンの例を紹介しよう。キャンペーンでは2種類のチラシが用意された。チラシA「乳がん検査を定期的に受けましょう。それにより早期発見、治療が可能です」。チラシB「乳がん検査を定期的に受けないと、早期発見できずに治療が不可能になる危険があります」。パンフレットには問い合わせ先の電話番号が載っていた。結果は、チラシBを読んだ人からの問い合わせのほうがはるかに多かった。

何かを失う不安は、それと同じ価値のものを手に入れることよりも、大きな刺激を与える。たとえば、住宅用の断熱材を売るとしよう。客は、「質のよい断熱材を用いるとこんなにお得です」と言われるときより、「断熱をおろそかにするとこんなに損をします」と説明されたときのほうが、断熱工事をしようと決意する。もちろん、どちらも言わんとしていることはまったく同じである。

ある日、わたしは1人の大富豪と話していた。彼は、初対面のわたしの前で興奮していたが、その理由が100ユーロを落としたことだという。なんというエネルギーの無駄づかいだろう。わたしは彼の注意を現実に向けさせた。その100ユーロを落として大騒ぎしている大富豪が投資している株の値動きは、少なく見積もっても1秒ごとに100ユーロ以上、つまり落とした金を超える金額が上下しているのである。

わたしたちは、「マイナスの過大評価のワナ」の影響を受けると、損失の発生を避けようとする。その例が株取引だ。株が下落して損失が出ていも、投資家はそのことを認めようとせずに、株価の回復を期待する。下落していても、株を手放して現金にしなければ、実際には損失にはならない。そのため、株価の回復の見込みが少なく、さらに下落する可能性が高くても株を売却しないのだ。

チームではなく、個人で責任を負わなければならない部署で働いている社員は、リスクをできるだけ避け、冒険しない傾向がある。社員の立場からすれば、冒険しないのは意味がある行動と言える。プロジェクトがうまくいってもせいぜいボーナスがもらえるだけで、失敗すれば仕事そのものを失うかもしれない。どうしてそんな危険をあえておかす必要があるだろう？　という理屈である。

実際に、ほとんどどこの企業でも、社員が成功して得られるものより、失敗して失うもののほうが大きい。部下にチャレンジ精神が欠けていると嘆いているあなたには、今、その理由がわかったであろう。部下は「マイナスの過大評価のワナ」の影響を受け、失敗を避けようとしているからだ。

悪いことはいいことよりも影響力が強い。これは変えようがない。わたしたちは、ポジティブなことよりネガティブなことにより敏感に反応する。通りを歩いていても、不機嫌な表情は、明るい表情よりも目につきやすい。悪い行動は、よい行動よりもわたしたちの記憶に長くとどまっている。例外もある。それは自分自身に関することだ。

思考の落とし穴 34

社会的手抜きのワナ

なぜ、個人だと頑張るのに、
チームになると怠けるのか?

フランスの工学者、マクシミリアン・リンゲルマンは、1913年に馬の労働力を調査し、次のことを発見した。馬車を2頭の馬で引かせても、1頭で引かせたときの2倍の働きはしない。この結果に驚き、人間で実験してみた。彼は何人かの男性に1本の綱を引いてもらい、それぞれが綱を引くために使った力を計測した。平均では、2人で1本の綱を引いたときの1人当たりの力は、1人で引いたときの力の93％だった。3人になると85％になり、8人ではわずか49％だけしか力を出していなかった。

この結果には誰もが驚くだろうが、心理学者だけは例外である。心理学ではこの現象を「社会的手抜き」と呼んでいる。**「社会的手抜き」とは、ひとりひとりの働きぶりが直接わかるような場面ではなく、グループ作業のように力を合わせる場面で他人に気づかれることなく手を抜く現象を指す。**

スポーツを例に挙げると、ボート競技では「社会的手抜き」が発生するが、陸上のリレー競技では発生しない。リレーの場合には、ひとりひとりの貢献度がはっきりとわかるからだ。「社会的手抜き」は合理的な行動である。半分の力しか出さなくても誰にも気づかれないなら、どうしてわざわざ全力を出す必要がある？　という理屈である。要するに、「社会的手抜き」は、お互いにごまかしあっている状態である。たいていの場合は、意図的ではなく、無意識にごまかしている。馬車の馬と同じだ。綱を引く人が多くなればなるほど1人の引く力が弱くなるのは、驚くべきことではない。驚くべきは、綱を引く人が多くなってもまったく力を出さない人はいないということだ。

どうして完全にサボろうとはしないのだろうか？　その理由は、まったく働かないと目立つからだ。そして、グループからはじき出されたり、自分に関して悪い評判が立ったりといった負の結果をともなうからだ。わたしたちには、どの程度なら手を抜いても気づかれないかといった繊細な勘が働いている。

「社会的手抜き」は肉体的な作業だけに見られる現象ではない。わたしたちは精神的にも手を抜いている。たとえば会議の席でだ。会議の参加メンバーが多くなれば多くなるほど、ひとりひとりの参加意欲は低くなる。グループの大きさがある一定のレベルに達すると、個々の労働力は落ちなくなる。そこから先は、メンバーが20人いようが100人いようが関係ない。すでに手抜き度が最高に達しているからだ。

次に進もう。個人プレーよりチームワークが大事——組織の中では、ずいぶん前からこう言われているが、この考え方はどこから来たのだろうか？　おそらく日本から輸入されたのだろう。日本は30年前に世界市場を自国の製品で埋めつくした。経営学の専門家たちは日本の急激な経済成長を入念に調査し、日本の工場労働者はグループで働いていることに気がついた。そこで、この形をそのまま取り入れた。だが、うまくいった部分もあれば、うまくいかない部分もあった。日本では非常にうまく機能していても（わたしが思うに、日本では「社会的手抜き」はほとんど起こらない）、考え方の違うアメリカ人やヨーロッパ人には、そうはいかなかったのだ。少なくとも、わたしの生活するドイツやスイスでは、グループのメンバーができるだけ異なる分野の専門家で構成されている場合に、個人プレーよりもチームワークのほうがうまくいくことが証明されている。それには理由がある。異なる分野の専門家のグループでは、個々の業績が評価できるからである。

「社会的手抜き」には興味深い効果がある。グループ行動で手が抜かれているのは、労働力だけではない。グループでの行動に対する責任感も薄れていく。誰でも、悪い結果を自分だけのせいにはしたくない。極端な例は、第2次世界大戦後に開かれたナチスの犯罪を裁いたニュルンベルク裁判だ。ナチスの裁判ほどセンセーショナルではないにしても、どこの企業でも、監査役や経営陣の中には責任を逃れようとする人がいる。グループにしたがっていさえすれば自分1人で責任をとらなくてもいい、と思ってしまうのだ。心理学の用語ではこれを「責任の分散」と言う。

責任を1人で負わずに分散することから、個人よりも集団で行動するほうが大きな危険をおかす傾向がある。この現象を「リスキー・シフト（危険な転向）」と呼ぶ。リスクのあるほうへ移動するという意味だ。

グループディスカッションでは、1人で判断するときよりも、より大きなリスクをともなう決定を下してしまう傾向があることが証明されている。「失敗しても自分1人で責任を負うわけではない」という考えからリスキーな選択をしてしまうのだ。たとえば、巨額な資金を動かす企業や年金機構の戦略チーム、さらには核兵器を扱う集団内で「リスキー・シフト」が起こると大変深刻な結果を招くだろう。

結論――グループの中にいると、1人のときとは異なる行動をとる。しかし、それはグループにとってはデメリットになることもある。グループ行動のデメリットを取り除くには、個人個人の業績をできるだけはっきりさせることだ。

実力主義バンザイ！　能力主義社会バンザイ！

思考の落とし穴 35

倍々ゲームのワナ

なぜ、50回折りたたんだ紙の厚さを
瞬時に予想できないのか?

1枚の紙を半分に折る。さらに半分に折り、それをさらに半分に折る。こうしてどんどん半分に折り続ける。さて、この作業を50回続けると、紙の厚さはどれくらいになるだろうか？　先に読み進める前に自分の予想を書いてみよう。

次の質問。あなたは次の2つの中から好きなほうを選べる。①これから30日間、わたしはあなたに毎日10万円ずつプレゼントする。②これから30日間、わたしはあなたにお金をプレゼントするが、1日目は1円、2日目には2円、3日目には4円、4日目には8円、と毎日2倍に増やしていく。計算したりせずに、ぱっと決断してほしい。①か②か？

できただろうか？　では、解答へ進もう。

はじめの質問で用いる紙の厚さは0・1ミリメートルとする。これを50回たたむと、厚さは1億キロメートルに達する。これは、地球から太陽までの距離の3分の2に匹敵する。計算機を使えば簡単に検算できる。

2番目の質問。この場合には、①のほうがよさそうに思えても、②に賭ける価値がある。①を選ぶとあなたは300万円もらえるが、②では10億円を超えるからだ。

わたしたちは、一定の数量で増加する関数を感覚的に理解している。けれども、2

倍ずつ増加する指数関数と呼ばれるタイプの増加や、100分率（%）で表された増加に対しては感覚的にわからなくなる。どうしてだろうか？　人間の進化の過程において、生活の中で倍々に増加するような状況に接することがなかったからだ。

我々の祖先の生活は、大部分が直線的だった。つまり、採集に2倍時間を費やした人は、2倍の量を収穫した。マンモスを一度に2頭、谷から落として仕留めれば、1頭しか仕留められなかったときより2倍の期間食べることができる。石器時代の人間には、飛躍的な数にふくれあがるような場面に出くわす機会がほとんどなかったのだ。だが、現代は違う。

警察が次のように発表したとする。「交通事故の件数は、毎年7%増えている」。そう言われても、わたしたちの多くはピンと来ないのではないだろうか。わかりやすくするための秘訣《ひけつ》がある。交通事故件数が今から2倍になるまでに要する時間（倍加時間）を計算するのだ。1%の増加率の場合、2倍になるまでの時間を倍加時間の計算式に当てはめて計算すると、およそ70（年）という数字が導き出される。これを100分率で表された成長率で割ればいい。「70÷7＝10」つまり、倍加年数は10年となる。警察の話の意味するところは「交通事故の件数は10年ごとに倍になる」ということなのだ。だとすれば、驚くべきことだ。

別の例を挙げよう。「インフレ率は5%に達する」。そう聞いても「たいしたことはない、5%ぐらいどうってことはない」と思うだろう。そこで、さっそく倍加年数を計算してみる。「70÷5＝14」。つまり14年後には、100円の価値が50円になるというわけだ。預金のある人にとっては、とんでもない話ではないだろうか。

仮にあなたはジャーナリストで、あなたの街で登録されている犬の数が毎年10%増加しているという統計を手に入れたとしよう。さて、それを記事にするとき、どんな見出しをつけるだろうか？「登録犬数、10%増加」なんて見出しには絶対しないだろう。そんな記事には誰も見向きもしない。おそらくこんな見出しだろう。「犬の大氾濫――ワンワン、7年後にはなんと2倍に！」

「倍々ゲーム」が永遠に続くことはない。政治家もエコノミストもジャーナリストも、ほとんどがそのことを忘れている。どんな爆発的な増加でも、いつかは限界に達する。それは確かである。たとえば、大腸菌は20分ごとに2倍に増えるが、もし無限に増殖するならば、数日間で地球をおおいつくしてしまうだろう。だが、大腸菌も増えすぎれば、消費される栄養分のほうが補給される分より多くなり、やがて成長にブレーキがかかる。

人間の脳が「倍々ゲームのワナ」にハマりやすいことは、古代ペルシャの時代から知られている。そこから生まれたこんな神話がある。

あるところに、賢い廷臣がいた。廷臣は王様にチェス盤を献上した。そこで王様は廷臣にたずねた。「褒美を進ぜよう、望みを言いなさい」

「王様、チェス盤に米粒を盛っていただければそれで結構でございます。1マス目には米を1粒、2マス目には2粒、3マス目には4粒と、順番に2倍の数の米粒を置いていってください」。王様は驚いた。「廷臣よ、見あげたものだ。おまえの望みはなんて控えめなのだ」。さて、いったいどれくらいの量になるのだろうか？　王様は、1袋くらいだと考えていた。ところが実際には、世界中で収穫されるよりもたくさんの米が必要だったのだ。

結論——増加の割合を予測するときには、自分の感覚を信じないように。あなたにはそのための直感力が備わっていない。そのことを知るべきである。実際にあなたを助けるものは計算機である。パーセンテージが小さければ、倍加時間のトリックを使って計算しよう。おおよそ正しい数字が導き出せる。

勝者の呪いのワナ

なぜ、オークションで落札しても
少しも儲からないのか?

1950年代、アメリカ、テキサス州にて。ある土地がオークションにかけられ、石油会社10社が入札に参加した。それぞれの会社は石油の埋蔵量を予測し、油田の価値を評価した。もっとも低い評価はおよそ1千万ドル。もっとも高い評価は1億ドルだった。オークションが進み、入札価格が高くなるにつれて、ライバル会社はどんどん脱落していった。最終的に、もっとも高い値をつけた会社が落札した。その会社は最後まで生き残り、勝利を収めたのだ。さあ、お祝いだ！

「勝者の呪いのワナ」とは、オークションで勝利を収めたはずの落札者が、実質的には敗者になってしまう落とし穴のことだ。経済アナリストによれば、落札価格が高すぎたことが原因で、石油採掘権のオークションに勝利を収めた会社が傾いてしまうというのはよくあることらしい。これは想像に難くない。予測された価値が1千万から1億ドルまでといったように幅が広い場合、実際の価値はおそらくその中間くらいだろう。しばしば、オークションの入札価格は高くなりすぎるものである。ただし落札者が情報を先取りしている場合は別だ。テキサスでのケースはそうではなかった。落札した石油会社にとっては、まったく割に合わない勝利となった。

今日でも、いたるところに油田が存在している。インターネットでは、物品だけでなく店のサービスや広告の価格までもがオークションで決められる。携帯電話の周波数を獲得するためのオークションも存在し、それによって電話会社が倒産の一歩手前まで追いつめられている。空港内の貸店舗も入札方式で賃貸している。

ドイツのディスカウントストア「アルディ」では、新製品を導入する際には卸業者に入札させる方式をとっている。たとえば新しい洗剤を扱うことにすると、納入業者5社に卸値を提示させて競わせる。しかし、この競争に勝ち残った卸業者は、無事にアルディの納入業者になれたとしても、卸値が安い分、利益も少なくなる。

日常生活で行われている競売はインターネットのおかげで、ときには職人の世界にまで入りこんでいる。先日、アパートの壁の塗り替えが必要になったので、地元でペンキ職人に依頼する代わりにインターネットで業者を探した。すると、なんと30社のオファーがあり、競い合った。けれども、最低価格のあまりの安さに気の毒になり、その金額ではOKしなかった。職人が「勝者の呪いのワナ」にハマらずにすむように。

企業が上場する際の株取引も、過大評価されたオークションだ。企業がほかの企業を買収——いわゆるM&A——する際にも、「勝者の呪いのワナ」がよく起きる。企業買収の半数以上のケースでは、買収する側の企業が価格を高く見積もりすぎてしまう。つまり、企業を買収したのに少しも儲《もう》からなかったという結果になる。

どうして「勝者の呪いのワナ」にかかってしまうのだろうか？　それは、対象物の実際の価値があいまいではっきりしていないからだ。購入希望者が多くなればなるほど、対象物の価値を過大評価する可能性が高くなる。また、ライバルに負けたくないという気持ちが働くことにも原因がある。

友人にマイクロアンテナの製造工場のオーナーがいる。友人は、アップル社がiPhone製造のために実施した競争入札における業者間のすさまじい戦いぶりについて語ってくれた。どの業者もアップルの〝公式納入業者〟になりたい一心で、価格をとことん下げた。そして、落札した業者は必ずといってよいほど損失を出したという。

あなたは、1万円を手に入れるために、いくらだったら払うだろう？　想像してほしい。あなたとライバルがオークションに参加するとする。ルールは次の通りだ。高く値をつけたほうが1万円を受け取れる。そして——ここが重要なのであるが——両者とも、自分で最後につけた入札価格を支払わなければならない。さて、あなたはいくらまで賭けるだろうか？

はじめの段階では、1万円もらえるなら3、4000円くらいは払ってもいいと考えるだろう。もちろん、あなたのライバルもまったく同じように考えているはずだ。そこであなたは、9900円出しても損はしないと考え、入札する。

ところが、ライバルは1万円に値をつり上げた。もしこの金額で落札すれば、ライバルの利益はゼロになる（1万円のために1万円を支払うからだ）。しかし、あなたはもらえるものが何もない上に9900円を失ってしまう（あなたがつけた最後の入札価格）。そこで、あなたはさらに金額をつり上げる。1万1000円なら、あなたが勝てば1000円を失うだけで、それ以上の損は出ない。けれどもライバルは1万1000円を失う。そして、ライバルはさらに入札価格を上げていく。

さて、あなたはどの時点で手を引くだろうか？　ライバルはいつあきらめるだろうか？　仲間とこのゲームを試してみるといい。

ウォーレン・バフェットの助言を心にとめておこう。「オークションには決して参加しないように」。では、入札を避けられない業界で働く人はどうしたらいいだろうか。その場合には、まず最高入札価格を決める。しかし、ほとんどのケースは過大評価している。そこで、「勝者の呪いのワナ」の分として予定入札価格から20％を差し引く。その数字を紙に書き、それを上回る金額になったら入札をあきらめることだ。

思考の落とし穴 37

人物本位のワナ

なぜ、コンサートのあとでは
指揮者やソリストの話しかしないのか?

あなたは、今、新聞を開き、どこかの企業のCEOが経営悪化のために辞職したという記事を読んでいる。スポーツ面では、あなたのお気に入りのチームがX選手、あるいはY監督のおかげで優勝したことを知った。

「人の顔が見えなければ記事にならない」。これが新聞社の編集局では決まりごとになっている。なぜなら、ジャーナリストは（それに読者も）「人物本位のワナ」にハマっているからだ。**この落とし穴は、ある出来事を説明するときに、人物に焦点を当てすぎて、外からの影響や状況といった原因を過小評価してしまうことを言う。**

アメリカのデューク大学の研究グループは、1967年に次のような実験を行った。演説がうまいことで知られているある人物に、フィデル・カストロを称える内容のテキストを読みあげてもらった。被験者たちは次のように知らされていた。この演説の内容は、演説者の政治的な考えとは関係なく、演説者は与えられたテキストを読みあげているだけである。それなのに、ほとんどの被験者は、演説の内容には話し手の意見が反映されていると信じていた。聴衆は、演説の内容を外からの影響（カストロを称えるよう仕向けた教授）ではなく、演説者本人の考えと結びつけたのである。

「人物本位のワナ」は重大な事件においても見られる。たとえば、戦争の「責任」を他人に転嫁するときだ。第2次世界大戦の責任はヒトラーにある、第1次世界大戦を引き起こしたのはサラエボの暗殺者だ、といった具合に。戦争は予測不可能で、その原因がどこにあったのかについては今日になってもわからないというのに、責任を個人になすりつけようとするのである。金融市場や環境問題にも同じことが言える。

また、企業の経営が悪化すると、その原因は、企業の幹部たちにあるのではないかと考えてしまいがちだ。経済的な成功は、指導テクニックの優劣より、一般的な経済状況やその業界への関心に左右されている、そうとわかっていても、「人物本位のワナ」にハマり、特定の人物を評価の基準にしてしまう。危機に瀕《ひん》している業界では、どれほど頻繁にCEOが交代させられていることだろう。反対に、波に乗っている業界では、めったに交代させられない。これは興味深い事実である。サッカーチームの成績が悪いときに監督を代えるのとまったく同じだ。

わたしはよくコンサートに出かける。スイスのルツェルンで暮らしていると、すばらしいクラシック音楽の催しに贅沢《ぜいたく》な気分を味わえる機会も多い。コンサートの休憩時間に耳にする会話といえば、いつも決まって、指揮者、またはソリストのことばかり。初演のときは例外として、作品自体が話題にのぼることはめったにない。

どうして話題にならないのだろうか？　音楽の本来のすばらしさは作品にあるのではないだろうか。作曲とは、まっさらな紙の上に旋律をつくり出していくことだ。同じ曲を異なる演奏者で聴き比べるよりも、違う曲を聴くほうがはるかに大きな違いがある。**それなのに、わたしたちは指揮者や演奏者にばかり焦点を当ててしまう。楽譜には――指揮者やソリストとは逆で――顔がないからだ。**

作家としても、「人物本位のワナ」に出くわす機会がある。朗読会を終えたあとで最初に受ける質問は、いつも決まっている。本当にいつも同じ質問なので驚くほどだ。「この小説のどの部分がご自分の体験ですか？」。聴衆に向かって叫んでみたい。「わたしのことではなく、この本のことを質問してくれ。文章や言葉や、物語としての質のほうが重要ではないか！」。本当は、こんなふうに言い返したいところだ。

だが、場合によっては「人物本位」にならざるを得ない。他人への関心は、人間の進化の過程において必然的に生まれたものである。というのも、大昔はグループに属することが生き延びるために必要不可欠な要素だったからだ。グループから追放されると、確実な死が待ちかまえていた。生殖も自己防衛も、さらには狩猟も、単独ではほぼ不可能だった。自分以外の人間が必要だった。一匹狼《おおかみ》では遺伝子を残せない。

だからこそ、わたしたちは他人が気になって仕方ないのだ。

わたしたちは、起きている時間の90％は他者のことを考え、ほかのことを考えるために使っている時間は10％しかない。

結論——わたしたちは、舞台の上の役者に惹《ひ》きつけられるかのように、人に関心をもち、人に焦点を当てて、ものごとを評価してしまう。しかし、人間は自分の性格や考え方のみにしたがって行動しているわけではない。周りの状況に影響されるからだ。

目の前で起こっていることを本当に理解するには、目の前にいる人物ではなく、その人が受けている影響やその人が置かれている状況に目を向けることだ。

思考の落とし穴 38

誤った因果関係のワナ

なぜ、コウノトリが増えると
赤ちゃんも増えると考えるのか?

スコットランドの北西、ヘブリディーズ諸島の住人にとって、頭にシラミがいるのはごく当たり前のことだった。シラミがいなくなると、シラミの飼い主は病気になり、熱を出した。そのため、熱を下げようとして病人の頭にわざわざシラミを放った。どうやら島民は正しいことをしていたようで、成果があった。シラミが再び頭に住みつくと、すぐに患者の具合はよくなったのだ。

ある町で、消防署の出動状況を調査した結果、火災による被害の大きさと出動した消防士の数に関係があるという結論が導き出された。それによると、消防士の数が多くなればなるほど、損害が大きくなるという。そこで市長はさっそく消防士の採用をやめ、予算を削減した。

この2つの話は、ハンス＝ペーター・ベック＝ボルンホルトとハンス＝ヘルマン・ドゥッベンの著作『卵を産んだ犬』（邦訳未刊）の中で、よくある原因と結果の勘違いを説明するために紹介されている。

シラミが病人からいなくなるのは、熱があるからだ。シラミが逃げ出すのは、足の裏が熱くていてもたってもいられないからなのだ。しかし病人の熱がおさまれば、シラミは喜んで戻ってくる。また、火災の規模が大きくなればなるほど、消防士も多く

動員される。当然のことながら反対の現象は起こらない。

これらの話を聞いているだけであれば、笑い話だろう。しかし、「誤った因果関係のワナ」は、毎日のようにわたしたちをだまし続けている。

たとえば、新聞に次のような記事を見つけたとする。「社員のモチベーションが高いと、企業の利益も大きくなる」。本当だろうか？　会社の業績がいいからこそ社員にやる気が出てきたのではないのだろうか？　ビジネス書の著者やコンサルタントはよく、誤った因果関係、あるいは、少なくとも確実ではない因果関係を用いてアドバイスをする。

１９９０年代のアメリカで、当時の連邦準備制度理事会（ＦＲＢ）の議長、アラン・グリーンスパンほど崇《あが》められた人物はいないだろう。グリーンスパンの難解な発言は、国を繁栄させるための秘密の教義のような印象を与えた。政治家やジャーナリスト、それに経済界の指導的な立場にいる人々までもが、グリーンスパンを崇拝していた。

今日では、その当時、評論家たちが「誤った因果関係のワナ」にかかっていたことがよくわかる。当時のアメリカ経済が好調だった原因は、グリーンスパンのとった政策よりも、安価な品を製造し、アメリカ国債を買いあさった中国への依存状況にある。

極端な言い方をすれば、グリーンスパンは、アメリカ経済が非常にうまく機能しているときにFRBの議長になるという運に恵まれただけである。

別の例を挙げてみよう。長期にわたる入院は患者にとって好ましくないという調査結果がある。健康保険組合にとってはいい知らせだ。保険加入者の入院期間をできるだけ短くできるからだ。こんな都合のいい話はない。しかし当然のことながら、すぐに退院できる患者は、長く入院しなければならない患者よりも元気なのであって、長く入院していたから不健康になったのではない。

こんな雑誌の見出しはどうだろうか？「科学的に実証！ XYZシャンプーを毎日使用している女性の髪は丈夫だ」。髪の強さとシャンプーの関係は、科学的に裏づけられているかもしれないが、それでもこの主張は何の意味もなさない。シャンプーを使ったから髪が生き生きしてきたとは言いきれない。もともとコシのある髪の女性がそのシャンプーを使う傾向があっただけなのかもしれない（もしかしたら〝太い髪用〟シャンプーかもしれない）。

最近読んだ新聞にもこんな記事があった。本がたくさんある家庭の子どもは本が少ない家庭の子どもよりも成績がいい、という記事だ。この調査結果が発表されてから、世の親たちは本を買いあさるようになったらしい。「誤った因果関係」のいい例である。実際には、一般に、教養のある親はそうでない親よりも、子どもの教育に関心があるというだけのことだ。教養のある親はそうでない親より多くの本をもっているが、本そのものが子どもの成績に決定的な影響を与えているのではない。親の教養の程度と遺伝子が影響を与えているのだ。

もっとも愉快な例は、ドイツの出生率の低下とコウノトリの減少の関係である。1965年から87年までの人間の出生率とコウノトリの出生数をグラフで表すと、両方の線の動きがぴたりと重なるのだ。ということは、コウノトリが赤ちゃんを運んでくるという伝説は真実なのだろうか？　まさか、そんなことがあるわけない。ただの偶然の一致で、決して因果関係があるわけではない。

結論――ある出来事が、どのようなつながりで起こっているのかを正しく見るようにしよう。原因と結果を示す矢がまったく反対方向に向いていることがある。ときには、つながりなどはじめから存在しないこともある。コウノトリと赤ちゃんの関係のように。

思考の落とし穴 39

ハロー効果のワナ

なぜ、恋に落ちた相手は
完璧に見えるのか?

カリフォルニア州のシリコンバレーに本社を置くシスコシステムズ（コンピュータネットワーク機器開発会社）は、ITによる景気拡大が永遠に続くと考えられていたニュー・エコノミー時代の人気企業だ。経済ジャーナリストによれば、同社はすべてを兼ね備えていた。優れた顧客対応、完璧な経営戦略、顧客開拓の巧みさ、ユニークな企業文化、カリスマ的なCEO。2000年3月、シスコ社は株式の時価総額が世界一の企業だった。

翌年、同社の株価が80％下落すると、経済ジャーナリストたちは一転して、同社を非難しはじめた。顧客対応の悪さ、あいまいな経営戦略、顧客開拓方法の弱点、精彩に欠けるCEO。実際には、シスコ社は経営戦略もCEOも何も変えていない。製品の需要が落ちこんだのは、経営方法に変化があったからではなかった。

1つの視点だけにとらわれて、そこから全体像を推測してしまうことを「ハロー効果」と言う。「ハロー」とはあいさつのことではない。キリストや聖人などの頭の周りにある光輪や後光を英語でハロー（halo）と言う。シスコシステムズの場合は、この光の輪が特に強く輝いていた。ジャーナリストは株価にだまされ、詳しく調べもせずに企業の質を推論したのだ。

「ハロー効果」はいつも同じように作用する。簡単に手に入る情報、あるいは特別に目立つ事件や事実（たとえば企業の財政状況など）をもとに、経営の質や経営戦略の巧みさといったような、調査するのが難しいものまでを無意識のうちに想像してしまう。客観的な理由がなくても、評判のいいメーカーの製品を高品質だと認めてしまうのも、ある分野で成功を収めているＣＥＯは別のどんな分野でも成功し、しかもプライベートでもヒーロー的な存在なのだろうと思ってしまうのも、すべて「ハロー効果」が働くからだ。

「ハロー効果」の研究は、１００年ほど前にアメリカの心理学者、エドワード・リー・ソーンダイクによって始められた。個人の何らかの属性（外見、社会的な地位、年齢など）が、肯定的あるいは否定的な印象を生み出し、その印象がほかのすべての特性を「光でおおい」、その人の全体の印象となってしまう。

もっとも多く研究されているのは、「外見の美しさについて」である。容姿の美しい人を見ると、その人は親切で誠実で賢いと無意識のうちに想像してしまうことが、多くの実験で証明されている。容姿が魅力的な人はそうでない人より、成功を収めやすいのも明らかである。女性の場合の、性的な魅力を利用して成功できるという意味ではない。また、「ハロー効果」は学校でも見られ、教師は無意識のうちに容姿のいい生徒ほどいい成績をつけることがある。

広告の世界でも「ハロー効果」が威力を発揮する。大勢の有名人がポスターから笑いかけている。どうしてプロのテニス選手がコーヒーメーカーのスペシャリストとして登場する必要があるのか理解できないが、それでも宣伝効果は抜群だ。腹立たしいことに、わたしたちはまったく気づかぬうちに「ハロー効果のワナ」にハマり、人やものごとを評価しているのだ。

他人を評価するときに、その人の出身や性別や人種といったことに目がいってしまうと、この効果はもっとも大きな災いを引き起こす。1つの特徴がほかのすべてに光を当ててしまい、その特徴だけでその人を評価してしまうからだ。偏見とか先入観と呼ばれるものだ。「ハロー効果のワナ」にハマるのは、純血主義者や男尊女卑論者だけではない。「ハロー効果」は、ジャーナリストや教師や消費者を霧で包んでしまうこともあり、すべての人の視界をぼかしてしまう。

だが、ときには「ハロー効果」が、束《つか》の間《ま》とはいえ、ポジティブな効果をもたらすこともある。あなたは、突然、誰かと恋に落ちて周りがすっかり見えなくなってしまったことがないだろうか？　経験がある人ならおわかりだろう。相手の後光がどれほど強く光を放っていたかを。夢中になっている相手を非の打ちどころのない完璧な人と思い込んでしまう。抜群に魅力的で、賢くて、感じがよくて、心の温かい人。友人にその人の欠点をはっきりと指摘されても、まさしく、あばたもえくぼ。風変わりだけどそこがかわいい、としか思えなくなってしまうのだ。

結論——「ハロー効果のワナ」は、相手の真の特性を見抜く力を鈍らせてしまう。状況をしっかりと観察すること。飛びぬけて目立つ特徴には焦点を当てないようにしよう。

世界的なレベルをもつオーケストラの入団試験では、受験者の姿が見えないようにカーテンのうしろで演奏させ、性別や人種や容姿が評価に影響を与えないようにしているという。経済ジャーナリストのみなさんは、企業を四半期ごとの数字で評価しないでほしい（これはすでに証券取引所がやっている）。そうではなく、さまざまな視点から経営状況を評価してほしい。それによって見えてくることは、必ずしもいいことばかりではないだろう。しかし、ときにはそこから学ぶことがあるはずだ。

思考の落とし穴 40

別の選択肢のワナ

なぜ、成功の裏にあるリスクに
気がつかないのか?

ロシアの実業家と、あなたが暮らす町の郊外の森で会う約束をしたとする。森に現れたロシア人がたずさえていたものは、アタッシェケースと拳銃だった。アタッシェケースには10億円が入っていた。拳銃のシリンダーの中には弾が1発だけ入っている。残りの5つの薬室は空だ。

「やるか？」。実業家はたずねた。「一度だけ引き金を引け。そうしたら、鞄《かばん》は中身ごとあんたのものだ」。あなたは考える。10億円があなたの人生を変えようとしている。もう働かなくてもいい！　切手収集はやめ、スポーツカーをコレクションできる。

あなたは挑戦することにした。銃口をこめかみに当て、引き金を引いた。小さな音が聞こえた。「カチッ」。アドレナリンが上昇し、体中に血液がかけまわっているのを感じたが、弾は発射しなかった。生き延びたのだ。あなたは現金を受け取ると、フランクフルトでもっとも美しい地区に大豪邸を建て、地域の日当たりを悪くし、近隣の住人の住み心地を悪くした。

住人の1人、あなたの建てた屋敷のせいで日陰になってしまった家の持ち主は、弁護士だ。彼は1日に12時間、年間300日働いている。彼の相談料は1時間に6万円。著名な弁護士ならではの金額だ。要するに、彼には1年で5千万円貯金できるくらいの収入があった。それでも、あなたに追いつくには、彼は20年間働かなければならないだろう。ときどき、あなたは自分の土地から手を振りながら、弁護士にあいさつし、微笑《ほほえ》むのだった。

それから20年後、勤勉な隣人は本当に10億円を貯《た》めた。弁護士の建てた豪邸があなたの豪邸と並んで建っていた。そこへ1人のジャーナリストがやって来て、この高級住宅地の中でも〝とくに裕福な〟住人について取材した。あなたと隣人がそれぞれ手に入れた豪邸と、歳の離れた若い妻の写真を載せて。ジャーナリストはインテリアデザインと園庭の洗練された技術について解説した。

しかし、あなたと隣人の間に存在する決定的な違いは、そのジャーナリストには見えていなかった。その違いとは、10億円を手に入れるために存在していたリスクである。本来なら、ジャーナリストは、10億円を得る過程で存在していた「別の選択肢」、つまりリスクの可能性も計算に入れ、現在の状況を評価しなければならない。

だが、リスクを見抜くのが下手なのはジャーナリストだけではない。わたしたちも同様なのだ。

「別の選択肢のワナ」とは、あることを選択したときに、実際には起こらなかったも

のの、起こる可能性があったすべての可能性を言う。

あなたがロシアンルーレットをしたときには弾は発射されなかったが、ほかに全部で5つの「別の選択肢」が存在していた。そのうちの4つは、今と同じように10億円を手にすることができるが、残りの1つは死をもたらしたに違いない。この結果の違いはとてつもなく大きい。

この弁護士の場合には、可能性の差はそれほど大きくない。人口の少ない村で働いていれば、1時間に2万円くらいしか稼げなかったかもしれない。ハンブルクの街の中心で、巨大銀行から依頼を受けていれば1時間に8万円は稼げたかもしれない。しかし、あなたのケースとは違い、弁護士の「別の選択肢」には、財産や命までも失うような危険はない。

「別の選択肢」は目には見えない。だから、わたしたちはそのことをめったに考えることがない。大きな危険をともなう投資で何億円と稼いでいる人は、同時に、そのまま破滅へ向かう危険な「別の選択肢」とともに歩んでいることも決して忘れてはならない。非常に大きなリスクと引き換えに生まれた10億円と、何十年間せっせと働いて貯めた10億円は本質的に違う。10億円は10億円だ、と反論する人もいるだろう。

ある晩のディナーの席で、誰が支払いをするかをコインを投げて決めよう、とエッセイストのナシーム・タレブが提案した。ところが、提案した本人が支払うことになった。この提案を受け入れるのは、きまりが悪かった。それというのも、彼は客としてわたしが暮らすスイスを訪れていたからだ。「次回お会いするときには、どこであろうと、わたしがごちそうします」とわたしは言った。すると、彼はしばらく考えてからこう言った。「〝別の選択肢〟を計算に入れれば、きみはこのディナー代の半分をすでに支払ったのだよ」

結論――リスクは、はっきりと目に見える形で確認することはできない。だから、自分の「別の選択肢」にはいつも気をつけるようにしよう。リスクをともなう「別の選択肢」で実現した成功と、「地道な」生き方（たとえば、弁護士、歯科医、スキーコーチ、パイロット、経営コンサルタントといったような苦労の多い仕事）で築きあげた成果を同格に扱わないようにしよう。

フランスの思想家モンテーニュはこんなことを言っている。「わたしの生涯は災いに満ちていると思われた。しかし、実際にはほとんど災いは起こらなかった」

思考の落とし穴 41

予測の幻想のワナ

なぜ、予測が外れてばかりの
エセ専門家が増殖するのか?

「北朝鮮では2年以内に政権交代がある」「やがてアルゼンチン産ワインがフランス産よりも人気が出るようになる」「3年後には、フェイスブックはもっとも重要なエンターテイメント・メディアになる」「EUは崩壊するだろう」「10年後は誰もが宇宙で散歩をする時代になる」「15年後には原油がなくなる」

わたしたちの生活の中では専門家の予測の嵐が吹き荒れている。これらの予測はどれくらい信用できるのだろうか？　専門家の予想がどれほど当たっているかについて、つい最近まで誰も調べようとはしなかった。だが数年前、カリフォルニア大学バークレー校の教授、フィリップ・テトロックは、合計28４人の専門家の、82，361の予測を、10年間にわたって調査した。

その結果、乱数発生装置で適当な数字を選んだときのように、ほとんどの予測は外れていた。よりによってメディアにもっとも頻繁に登場する専門家たちに限って、予言者としては劣っていることが実証された。中でも滅亡を予言する連中は特にたちが悪い。ここには、国の崩壊を予測する予言者も含まれている。その連中のおかげで、わたしたちは、現在、カナダ、ナイジェリア、中国、インド、インドネシア、南アフリカ、そしてEUが崩壊する日を待っているのである（しかし、予言が当たらない証拠に、リビアの崩壊を予測した人はいなかった)。

「未来を予測する人は2種類に分けられる。何もわかっていない人。そして、何もわかっていないことをわかっていない人」とハーバード大学の経済学者、ジョン・ケネス・ガルブレイスは著書の中で述べ、ほかの経済学者から嫌われていた。

さらに皮肉たっぷりなことを言っているのは、ファンド運用の専門家、ピーター・リンチだ。「アメリカには経済の専門家が6万人いる。その多くは、経済危機や金利を予測するために企業などに雇われている。予測が2回たて続けに当たっただけで、彼らは億万長者になれるだろう。しかしわたしが知る限りでは、ほとんどの経済専門家は、億万長者になれずに相変わらず雇われの身である」。これは10年前の話だ。今日では、そのころに比べ、アメリカだけでもおそらく3倍の経済専門家がいることだろう。しかも予測の質は10年前とまったく変わっていない。

問題なのは、専門家は間違った予測をしても代償を払わなくてもいいという点である。罰金を払う必要もなければ、評判を落とすこともない。それどころか、万一予測が当たれば、世間の注目を浴び、新たな仕事が増え、雑誌や新聞の記事の執筆依頼を受けたり、著書を書いて出版したりするチャンスにも恵まれるというおまけつきだ。

だからこそ、専門家はどんどん増えていく。専門家が増えれば予測の数が増加し、予測の1つが偶然に当たる可能性も高くなる。だが、専門家にも代償を払わせる理想的な方法がある。「予測基金」を設立し、予測する人には1つの予測をするごとに10万円を基金に預け入れることを義務づける。予測が当たると利子をつけて返してもらえる。外れた場合には、預けた金が慈善団体に寄付される仕組みだ。

わたしたちにはどんなことが予測でき、どんなことが予測できないのだろうか？誰でも、自分の1年後の体重を予測しなさいと言われれば、予想はそれほど大きく外れないだろう。内容が複雑になればなるほど、予想する時期が遠くなればなるほど、将来への見通しがぼやけてくる。地球温暖化、原油価格、為替相場といったことは、ほとんど予測不可能だ。また、将来どんな発明がなされるかを予測することはできない。そもそも、将来、どのような科学技術が存在するのかがわかっていれば、今この瞬間に、その技術が発明されるだろう。

結論——予測に対して疑いの目を向けよう。予測に対応するために、わたしには独自のトレーニング方法がある。先行きの暗い予測を聞いたら、まずにっこり笑う。そうすることでその予測と一歩距離を置くことができる。

それから、自分自身に２つのことを問いかける。

第1の質問。その専門家は、その予測をすることでどのようなメリット（たとえば報酬）を得られるのだろうか？　その人は雇われている身だろうか？　予測を外してばかりいると職を失う恐れがあるのだろうか？　執筆や講演で生計を立てている自称カリスマ的な指導者だろうか？　メディアにたびたび登場する専門家の予測は人目を惹《ひ》くが、調査結果が示すように彼らの予測は外れやすい。どういう立場の人が予測しているのかをよく見極めよう。第２の質問。その専門家やカリスマ的な指導者の予測の的中率はどれくらいだろうか？　この５年間で、いくつ予測を発表したのだろうか？　そのうちのいくつが正しく、いくつが外れていただろうか？

メディアへのお願い——予測を発表するときは、その占い師のこれまでの予想結果も合わせて掲載してほしい。

最後に、イギリスのトニー・ブレア元首相の言葉を紹介する。わたしたち人間は、予測することがいかに下手かが、あまりにも的確に表現されているからだ。彼は、「わたしは予測はしない。これまでにもしたことがない。そして、これからも決してしないだろう」と予測している。

思考の落とし穴 42

条件結合のワナ

なぜ、もっともらしい話に
惑わされてしまうのか?

クラウスは35歳。大学で哲学を専攻し、中学校に通っているときから発展途上国の問題に取り組んでいる。大学を卒業すると赤十字社で働き、西アフリカで2年間、それからジュネーブの本部での3年間の勤務を経て主任に昇格した。その後、赤十字を退社し、MBA（経営学修士）コースのプログラムを受講し、「起業家の社会的責任」に関する修士論文を書いた。そしてMBA取得後に再就職した。

さて、ここで質問だ。次のうち、どちらの可能性が高いだろうか？　①クラウスは一流銀行で働いている。②クラウスは一流銀行で働き、銀行が運営している発展途上国向けの基金を担当している。①と②、どちらだろう？

たいていの人は②と答えるだろう。残念ながら答えは①だ。②の場合、クラウスは一流銀行勤務という条件だけでなく、さらに追加の条件も満たされなければならない。しかも銀行が設立した発展途上国向け基金を担当している人は、銀行で働いている人の中でもほんのわずかしかいない。そう考えれば、答えが①になるほうが②になるよりもはるかに可能性は高い。**それでも②のほうが可能性が高いと感じてしまうのは「条件結合のワナ」のせいだ。条件が少ない①よりも、②のほうにストーリー性を見出してしまい、起こる可能性が高いと感じてしまうのである。**この落とし穴は、ノーベル経済学賞を受賞したダニエル・カーネマンとエイモス・トベルスキーによって研究された。

なぜ、わたしたちは「条件結合のワナ」にハマってしまうのだろうか？　それは、わたしたちが「矛盾のない」「もっともらしい」話を感覚的に受け止めてしまうからだ。

発展途上国で救援活動を行うクラウスの姿が、もっともらしく、印象的に、具体的に描写されればされるほど、この落とし穴にハマる危険は大きくなる。次のように質問していたらどうだっただろう？　「クラウスは35歳。さて、どちらの可能性が高いだろうか？　①クラウスは銀行に勤めている。②クラウスはフランクフルトの銀行に勤め、彼のオフィスは24階の57号室だ」。このように質問されていたら、あなたもワナにはかからなかっただろう。

別の例を紹介しよう。さて、どちらの可能性が高いだろうか？　①フランクフルト空港は閉鎖され、飛行機はキャンセルされた。②フランクフルト空港は悪天候のために閉鎖され、飛行機はキャンセルされた。①の可能性が高いだろうか、それとも②か？　この質問では、あなたはきっと正解を選ぶだろう。答えは①だ。②の場合は、悪天候という追加の条件を満たさなければならないからだ。空港閉鎖の理由には、爆破予告、事故、ストライキといった可能性も考えられる。けれども、悪天候という「もっともらしい」話を聞いてしまうと、それ以外の原因でも空港が閉鎖される可能性があるとは、少なくとも——今のあなたのように——意識していなければ、なかなか考えつかない。このテストを友人で試してみるといい。ほとんどの人は、②と答えるはずだ。

専門家でさえも「条件結合のワナ」にハマってしまう。1982年に開催された国際会議で、ダニエル・カーネマンは、専門家たちを2つのグループに分けて実験を行った。

カーネマンは、1983年の予測を、グループ①には次のように伝えた。「石油の消費量は30％減少する」。一方、グループ②には次のように伝えた。「原油価格が劇的に高騰し、石油消費量が30％減少する」。参加者たちには、伝えられた予測が現実となる可能性がどれくらいあるか判断してもらった結果、①と②の間にははっきりとした差が見られた。グループ①よりもグループ②のほうが、伝えられた予測をはるかに強く信じていたのだ。

カーネマンによれば、「考える」という行為にも2種類ある。1つは、直感的に無

意識のうちに、即座に考える場合。もう1つは、意識しながら合理的に、ゆっくりと論理的に考える場合である。残念ながら、直感的に考えると、意識的に考えるよりもはるかに早く結論に達してしまう。

わたしにも経験がある。2001年9月11日の同時多発テロのあとに旅行保険を申し込んだときのことだ。賢い保険会社は「条件結合のワナ」を利用し、特別な「テロ保険」にも入るようにと勧めてきた。テロ保険は、テロ行為が原因で旅行をキャンセルした場合に補償される特別な保険として販売されたのだ。しかし、当時の一般的な旅行保険は、旅行をキャンセルした場合には理由のいかんにかかわらず（テロ行為も含めて）補償されていた。それなのに、わたしは新商品にだまされてしまった。それだけならともかく、愚かなことに、わたしは、すべてをカバーしている普通の旅行保険ではなく、それよりも高いお金を払って特別な保険をかけてしまったのだ。

結論――巷《ちまた》で話題の「右脳と左脳」を鍛えることはやめよう。脳の働きよりはるかに重要なのは、直感的な考えと意識的な考えの違いを知ることである。直感的に判断すると、もっともらしい話に飛びつきがちである。重要な決断を下すときには、もっともらしい話には耳を貸さないほうがいい。

思考の落とし穴 43

フレーミングのワナ

なぜ、言い方を変えただけで、
結果が大きく変わるのか?

「ほら、ごみ箱がいっぱいよ！」「ねえ、ごみを捨ててもらえると助かるんだけどなぁ」

ものは言いようだ。同じ状況なのに、表現の仕方で受ける印象が違う。これを心理用語では「フレーミング効果」と言う。わたしたちは立派な額縁（フレーム）に入った絵を見ると、額縁がないときよりも絵の価値を高く評価してしまうように、どんな枠組みに基づいて理解するかで、同じものでも異なる決定を下してしまう。

２００２年にノーベル経済学賞を受賞したダニエル・カーネマンと彼の研究仲間であるエイモス・トベルスキーは、１９８０年代にこんなアンケート調査を実施した。被験者に2種類の伝染病対策を示し、どちらがいいか選んでもらうというものだ。

６００名の命が危険にさらされている。「対策①を実施すると、２００名の命が助かる」。「対策②を実施した場合には、６００名全員が助かる可能性は3分の1、誰も助からない可能性は3分の2」。①も②も助かる確率は等しいというのに（②の期待値はおよそ２００名）、過半数以上の人が対策①を選んだ。

その後、2人の研究者は、まったく同じ内容を、言葉を変えて伝えてみた。「対策①を実施すると４００名が死亡する」「対策②を実施すると６００名全員が助かる可能性が3分の1、全員死亡する可能性は3分の2」。すると、興味深い結果が出た。対策①を選んだ人はわずかしかおらず、大多数は②を選んだ。つまり、はじめのアンケートとは結果が逆になったのだ。「助かる」という言葉と「死亡」という言葉を置き換えただけで、同じ状況なのにまったく逆の決断が下された。

別の実験では2種類の肉が用意された。「脂肪分99%カットの肉」と「脂肪分1%の肉」だ。2つの肉はまったく同じなのに、被験者は、脂肪が99%カットされた肉のほうが健康にいいと評価した。次に、「脂肪分98%カット」と「脂肪分1%」を選んでもらったときも、たいていの人は、脂肪が2倍含まれている98%カットの肉のほうが健康にいいと評価した。

聞こえをよくするための表現は、世間一般で用いられている「フレーミング」の手法である。

たとえば、企業の売上げが悪化し、業績予想の数字を下げるときには「下方修正」と表現される。いつも取引をしている相手は「得意先」と表現される。マネジメントセミナーでは、「問題」が「チャンス」という言葉に置き換えられる。解雇される人は「人員整理」される。戦死した兵士はどんなに不運な、あるいは愚かな死に方をしようが「英雄」になり、集団虐殺を「民族浄化」と呼んだりする。また、ニューヨークのハドソン川に無事に不時着した航空機事故は、「ハドソン川の奇跡」と呼ばれ、機長の飛行テクニックのすばらしさが賞賛された。

金融商品——たとえば投資信託——のパンフレットをじっくり見たことがあるだろうか？　そこには多くの場合、過去何年間かの実績がグラフで表されている。何年前まで描かれているのだろうか？　必ずと言っていいほど、みごとな右上がりのカーブができるまでさかのぼっているはずだ。これも「フレーミング効果」を狙っている。また、キリスト教では、聖餐式《せいさんしき》で用いるパンと葡萄酒《ぶどうしゅ》を、「本物」のキリストの体（聖体）と血であると信じるのか、ただの「象徴」と考えるかで信仰の方向が変わってくる。それによって16世紀には宗教改革が起こった。

「フレーミングのワナ」にハマっていると、全体の一部分にしか注意が向かなくなってしまう。たとえば中古車を買おうとするときに、走行距離のことで頭がいっぱいになり、エンジンやブレーキや内装の状態には注意を払わない。自動車購入の判断基準が、走行距離になっているからだ。しかし、これは仕方がないことだ。すべての観点から観察することは確かに無理だろう。とはいえ、ほかの部分に焦点を合わせていたら、もしかしたら違う決断を下していたかもしれない。

たとえば、推理小説の作家は、意識的に「フレーミングのワナ」を利用し、読者に一定の方向にだけ目を向けさせようとする。殺人事件の経過が1つずつ段階的に描写されていたら、推理小説ではなく解説書になってしまう。最終的にはすべての話が語られるにしても、「フレーミングのワナ」を利用することによって、物語に読者が惹《ひ》きつけられるようになる。

結論——どのような情報も、1つの枠組みを通して描写されている。どんな枠組みに基づいた情報かをよく見極めよう。そして、その情報のひとつひとつは、信頼できる友人から聞いた話であろうが、信憑《しんぴょう》性の高い新聞で読んだ内容であろうが、ある解釈の枠組みを通して述べられているということを忘れてはならない。本章も例外ではない。

思考の落とし穴 44

過剰行動のワナ

なぜ、ゴールキーパーは
じっとしていないのか?

サッカーのペナルティキックでは、ボールは、3分の1は真ん中に、3分の1は左、3分の1は右に向かってシュートされる。

さて、ゴールキーパーはどのように動いているのだろうか？　キーパーは、左右にそれぞれ50％の割合でダイビングしている。真ん中に立っていることはめったにない。しかし、ボールは3分の1の割合で真ん中に飛んでくるのだ。

どうして、キーパーはじっとしていないのだろうか？　それは、ダイビングしたほうが見た目がいいからだ。それに、でくの坊のように突っ立ったまま左右に飛んでいくボールを見送るよりは間違った方向へ飛びこむほうが、失敗した場合、ほかの選手や観客に対して抱く気まずさがいくらか解放される。**これは「過剰行動のワナ」と呼ばれ、そこまで動かなくてもいいときに過剰に動く傾向を指している。**

この具体例は、イスラエルの研究者バール＝エリが、何百というペナルティキックを分析して導き出した結果である。こうした「過剰行動のワナ」にハマるのはゴールキーパーだけではない。次のような状況を考えてみよう。

夜遅く、ディスコの外で若者のグループが激しい身振り手振りで怒鳴り合っている。今にも殴り合いに発展しそうな雰囲気だ。それを見ていた2人の警察官がいた。若い警察官はすぐに止めに入ろうとしたが、いっしょにいた先輩警察官に制されて、まずは成り行きを観察し、1人がケガをしてから介入した。経験豊富な先輩警察官がその場にいなかったら、若い警官が、「過剰行動のワナ」にハマり、その前に割って入っていたことだろう。イギリスで行われた調査では、（経験の浅い）警察官が早期に介入した場合よりも、しばらく様子を見てから介入したときのほうが、負傷者の数が少ないことが証明されている。

「過剰行動のワナ」は、自分がそれまでに経験したことがない、あるいははっきりしない状況で現れやすい現象だ。たとえば投資家の多くは、ディスコの前にいた経験の浅い警察官と似たような状況に陥っている。株式市場のあわただしい動きをまだ正確に判断できないために、必要以上に積極的な行動に出てしまう。そんなことをしても意味はない。ウォーレン・バフェットもこう言っている。「投資において、積極性は成果とはなんら関係がない」。ほかにも、ウォーレン・バフェットとチャーリー・マンガーの語録を、巻末の参考文献にオリジナルの言葉（英語）で載せてある。

「過剰行動」は、高い教育を受けた人にも見られる現象だ。医師が、はっきりしない病状の患者を前に選択を迫られている。処置をすべきか、すべきでないか。つまり、薬を処方するか、何もせずにもう少し様子を見るか、どちらかを選択しなければならない。多くが積極的な方法（薬の処方）を選ぶだろう。自分が儲《もう》かるから、そちらを選ぶわけではない。「過剰行動のワナ」が働いて、そのような行動をとらせるのである。

どうしてそんな落とし穴があるのだろうか？　人間は、環境にできる限り順応するように進化してきたからだ。狩猟や採集の時代には、考えこんで動かないよりは積極的に行動するほうが得だった。素早く反応することが生き延びるための重要な要素だったのだ。じっくり考えていると命取りになる恐れがあった。

わたしたちの祖先は、森のはずれでトラに似ている動物を見かけたら、ロダンの「考える人」のように石に座ったまま、あれは生物学的に何に属する動物だろうなどと考えたりはしない。すぐにその場を離れた。必要がなかったとしても、とりあえず逃げたほうがいいと考え、素早く反応をしてきた人間の子孫がわたしたちなのだ。しかし、現代は環境がまったく違う。積極的に動くよりも、じっくり考えるほうがうまくいく場合が多い。それでも、祖先から刷りこまれた行動を変えるのは難しい。

会社や国や人類の繁栄のために、「時期を待つ」ことによって正しい決断を下すことができたとしても、あなたの名前で表彰されることもなければ、勲章が授与されることもない。あなたの像が立つこともないだろう。ところが決断を下し、さっと行動に移したりすると、たとえ偶然であっても、状況がよくなれば、村の広場で表彰されたり、社長賞がもらえるのだ。わたしたちの社会は、「待つ」という賢明な行動よりも、すぐに動くという軽率な行動のほうを重大視する。

結論――状況がはっきりしないときには、役に立つ立たないに関係なく、何かをしたいという衝動にかられて行動しがちである。すると、何も好転しなくても気分だけはよくなる。だが、実際には行動を起こしたために状態が悪化するケースのほうが多いのだ。わたしたちは、早く判断し、過剰に行動に移す傾向がある。だから、状況がはっきりしないときには、何もしない、行動することで状況が好転すると判断できるまでは決して動かないことだ。自分の気持ちを抑えよう。

「人間の不幸は、部屋でじっとしていられないから起こるのだ」と、フランスの数学者、ブレーズ・パスカルは、自宅の書斎で書いている。

思考の落とし穴 45

不作為のワナ

なぜ、ダメージが同じなら
何もしないほうがいいのか?

不作為のワナ

あなたは、仲間と登山をしていた。すると、仲間がクレバスに落ちた。あなたが救助隊を呼べばその人を助けることができた。しかし、救助隊を呼ばなかったためにその人は死亡した。別のケースを挙げよう。あなたは、仲間と2人で登山をした。そして、仲間を故意にクレバスに突き落した。やがて仲間は死亡した。さて、どちらのケースのほうが罪は重いだろうか？

理屈から言えば、どちらのケースも同じくらい非難すべき行為だ。救助を怠ったことも、故意に殺人をおかしたことも、どちらも結果的に仲間を死なせたのだから。しかし、心の声が、手を下すよりも何もしなかったほうが罪は軽い、と訴えている。この感情を「不作為のワナ」と呼ぶ。

「不作為のワナ」は、ある行動をとってもとらなくても、どちらの場合にも被害がでると判断したときに発生する。行動してもしなくても同じ結果になる場合、たいていの人は、行動しないこと（不作為）を選ぶ。そのほうが、同じ損害が発生しても、罪が軽く感じられるからだ。

あなたは、薬剤の使用を承認する国の監督官庁の責任者だとする。重病人のためにある薬品の使用を認めるべきかどうかという決断に迫られている。その薬品には強い副作用がある。使用者の20％は薬が投与されるとすぐに死亡する。しかし、80％の患者の命は救われる。あなたならどのように決断するだろうか？

たいていの人は薬品の使用を禁止するだろう。薬を認可しないことで助かったかもしれない80％の患者が命を失う事実よりも、その薬品を使うことで5人に1人の命がその場で奪われるほうがむごいことのように感じられるからだ。不合理な決断だが、「不作為のワナ」の作用を考えれば理解できる選択である。

反対に、あなたは「不作為のワナ」を自覚し、理性と道徳の名のもとに、薬を認可したとする。そして予想通り、最初の患者が薬を使用した結果、死亡した。さて、何が起こるだろうか？　あなたは新聞で叩《たた》かれ、職を失うだろう。身を守ることを第一としている役人や政治家は、市民が「不作為のワナ」に陥り、積極的に行動を起こしたことに対して非難すると考えたほうがいい。つまり、行動しないことが賢明だ。

行動を起こさないほうが罪が軽いという考え方が、わたしたちの中にいかに根づいているかは、司法が示している。ドイツやスイスでは、積極的な死の幇助《ほうじょ》（安楽死）は、本人がはっきりとそれを望むという意思表示をしていたとしても、処罰の対象になる。それに対して、延命措置を意図的にやめても処罰されない。

また、予防接種を受ければ病気になる可能性が低くなるのに、子どもに受けさせるのをためらう親がいるが、これも「不作為のワナ」が原因だ。予防接種を受けることによって子どもに症状が出たら、親の責任になる。だから、予防接種を受けるという積極的な行動のあとで病気になるよりは、予防接種を受けないで病気になったほうが気分が楽なのだ。

また、投資家や経済ジャーナリストは、企業が新製品を開発できずに倒産するよりも、売れない製品を開発したことによって倒産するほうが悲惨な状況であると判断する。何年も前に相続した株が暴落したときより、株の選択を誤って、買った株が下落したときのほうが悲観的な状況であるように感じるのも同じだ。

また、火力発電所に排ガス浄化装置を取りつけないよりも、経費節約を理由にこれまで付いていた排ガス浄化装置を取りはずしてしまうほうがひどい行為のことのように感じる。自分の住まいに断熱材を使用しないことよりも、断熱によって節約できたはずの燃料を使って屋外でストーブをたくことのほうが不道徳だと感じてしまう。収入があったことを申告しないより、納税申告書を改ざんするほうがたちが悪いと思われる。言うまでもなく、どのケースでも、結果は同じである。

前章で、必要以上に行動してしまう「過剰行動のワナ」について触れた。「過剰行動のワナ」は「不作為のワナ」の逆バージョンなのだろうか？　いや、まったく逆というわけではない。「過剰行動のワナ」は、状況がはっきりしないとき、矛盾があるとき、不透明なときに起こるものである。そのような状況では、理由がなくても積極的に行動してしまう。だが「不作為のワナ」が起こるときには、たいていの場合、状況がはっきりとわかっている。今すぐ行動を起こすことで、将来起こりうる損害を防止できる可能性がある。しかし人間は、理性が求めているほどには、損害を回避しようとは思っていないのだ。

「不作為のワナ」を見極めるのはとても難しい。なぜなら、行動を起こさないことは、行動を起こすことよりも目立たないからだ。１９６０年代に欧米で広がりを見せた学生運動は、「不作為のワナ」を見破り、それに対して行動を起こすよう明確なスローガンをかかげて戦っていた。そのスローガンとは「問題の一部となるのではなく、解決策の一部となれ」というものだ。

思考の落とし穴 46

自己奉仕のワナ

なぜ、「成功は自分のおかげ」
「失敗は他人のせい」と考えるのか?

会社の事業報告書、特にCEOのコメントの部分を読んでみよう。そこには、わたしたちの誰もがおかしてしまう行動の間違いが見つかる。

間違いとはこういうことだ。会社の業績がすばらしくいい年があったとする。すると、会社が好調である理由を、CEOのみごとな決断力とたゆまぬ努力、それに優れた経営戦略のおかげだなどとCEO自らが理由づけする。反対に業績が振るわなかったときには、その原因として、ユーロ高、貿易相手国の陰湿な駆け引き、不公平な関税、消費者全般の自粛ムードなどといった理由を挙げる。**成功すれば自分のおかげだが、失敗すれば原因はほかにあるというわけだ。この考え方の偏りを「自己奉仕のワナ」と言う。成功は自分自身の奉仕のおかげというわけだ。**

このワナについては、学生時代にすでに体験しているはずだ。いい成績をとると、自分の能力と努力のおかげだと思う。だが、赤点をとったり失敗したりするとどうだろうか？　そのときには、試験の問題が偏っていたせいだと考えるだろう。株式市場の動きも同じだ。自分が買った株で利益をあげると自画自賛する。損失が出ると（どんな状況であろうが）〝市場のムード〟、あるいは投資コンサルタントのせいになる。

わたしもよく「自己奉仕のワナ」を意識的に利用している。自分の新刊小説がベストセラーランキングの上位に入ると、自分の肩をポンポンと叩《たた》き「当然だよ、これまでで最高の作品だからね！」とつぶやく。反対に、あふれる新刊の中に埋もれてしまったときには、こう思う。評論家たちはわたしをねたんでいるから酷評する、読者も良質の文学とは何かをまったくわかっていない。

性格診断テストは、偶然に導き出された結果で人の性格を判断する。いい結果が出た人は、このテストはきちんとした根拠に基づいたもので全般的によく当たる、と信じる。だが、偶然に悪い結果が出てしまった人は、このテストはまったくナンセンスだと感じる。なぜ、このようなことになるのだろう？　どうして成功すれば自分の能力のおかげで、失敗すれば他人やものごとのせいになるのだろうか？

答えはいろいろ考えられるが、もっとも簡単な理由は、そういうふうに理由づけると心地いいからだ。それに、この落とし穴にハマったところで、日常生活でさほど大きな不利益をこうむることもない。もし大きな不利益が発生するのなら、この落とし穴は人類の進化の過程で消えていたはずだ。

しかし、注意してほしい。予測不可能なリスクが多い現代社会では、「自己奉仕のワナ」があっという間に破局を導くこともある。リチャード・ファルドがいい例だ。

ファルドは米証券会社、リーマン・ブラザーズを急成長させ、CEOに就任した。彼は自らを「マスター・オブ・ザ・ユニバース（世界の支配者）」と称していた。少なくとも2008年まではそうだった。しかし、彼は自らの力を過信した結果、リーマン・ブラザーズを破綻へと導いてしまった。

アメリカには「SAT」と呼ばれる大学進学適性試験がある。この試験は、各科目200点から800点で評価される。試験終了から1年後、学生たちにSATの成績をたずねると、平均して自分の成績に50点ほど水増しして申告するという実験結果がある。興味深いのは、平然と嘘《うそ》をつくようなことはしない、つまり極端な水増しはしない。実際にそのくらいの点数ならとれたかもしれないと思える程度、ほんの少しだけ点数を増やして伝えるのだ。

わたしが暮らしているアパートに、5人の男子学生がシェアしている部屋がある。ときどき、エレベーターで彼らといっしょになることがある。そこでわたしは、学生たちがごみ出しをどれくらいの割合で担当しているか、それぞれの学生に別々にたずねてみた。

ある学生は「2回に1回」と答えた。別の学生は「3回に1回」と答えた。さらに別の学生は、はちきれそうにパンパンにつまったごみ袋を片手に、悪態をつきながら答えた。「ほとんどいつも、9割は俺が捨てている」。全員の答えを合計すると100%になるはずなのに、彼らの答えた数字を合算すると320%になってしまう！　予想通り、彼らは自分の役目を過大評価していた。

夫婦関係でも同じ仕組みが働いている。2人の生活に自分がどれぐらい貢献していると思うかという貢献度を評価してもらうと、男女ともに自分の貢献度は50%以上と答えることが実験で証明されている。

「自己奉仕のワナ」には、どうやって立ち向かえばいいのだろうか？　あなたには、**ありのままの真実を伝えてくれる友人がいるだろうか？**　答えがイエスなら、自分を**幸せだと思っていい。答えがノーならば、自分には天敵と思われる人物はいないか、考えてみよう。**もしいるなら、その人をお茶に招待してみよう。そして、あなたがどんな人物に見えるか、包み隠さず言ってくれるように頼んでみよう。あなたはその人に永遠に感謝するだろう。

満足の踏み車のワナ

なぜ、幸福は3か月しか
続かないのか?

満足の踏み車のワナ

ある日、あなたの家の電話が鳴った。そして、ロト6で10億円が当たった、と伝えられた。さて、どんな気分になるだろうか？　その気分はどれくらい長く保たれるだろうか？

別のケースを考えてみる。電話が鳴り、あなたの親友が亡くなったと伝えられた。どんな気分になるだろうか？　そして、その気分はどれくらい長く続くだろうか？

これまでの章で、政治でも経済でも社会についても、わたしたちは「予測をするのがいかに苦手か」ということを説明してきた。専門家の予測でも、適当に数字を選んで予測した場合と、正解率はそれほど変わらない。それでは、自分の感情は正しく予測できるのだろうか？　ロト6で10億円が当たったら、ずっと幸せを感じていられるのだろうか？

ハーバード大学の心理学者、ダン・ギルバートは、宝くじの当選者を調査した結果、**当選したときの幸福感は「平均して3か月で消えてしまう」ことをつきとめた。大金が銀行口座に振り込まれてから3か月後には、あなたはそれ以前に感じていたのと同程度の幸せ、あるいは不幸せを感じるようになるのである。**

銀行の役員になった友人は、収入が急激にアップしたのをきっかけに、チューリッヒの街中を離れ、郊外に家を建てることにした。彼の夢をかなえた豪邸には、９つの寝室とプールがあり、窓からの眺めはうらやましいほど美しく、湖と山が一望できた。その家に引っ越すとはじめの1週間こそ、彼は幸せいっぱいで顔を輝かせていた。だが少しすると、うきうきした表情は見られなくなり、半年後にはこれまでになく不幸せそうになっていた。

何が起こったのだろうか？　豪邸を建てることで得られた幸福感は3か月後にははかなく消えてしまい、豪邸は特別なものではなくなってしまったのだ。「仕事から帰り、玄関のドアを開けても、これが自分の夢をかなえた家だとは思えないんだ。学生のときに住んでいたワンルームに入ったときと、気分はまったく変わらないよ」

加えて、友人は仕事場までおよそ50分かかるクルマ通勤に苦しんでいた。ある調査によれば、通勤の手段として自家用車を利用する場合がもっとも不満が大きく、時間が経っても慣れることはほとんどないという。通勤そのものが苦手だと感じている人は、毎日そのことで苦しむ羽目になる。いずれにしても、友人の満足感を満たそうとした豪邸は、結果的にマイナスに作用した。

別のケースでも、同じようなことが言える。**仕事で成功した人は、目標を達成して**

からおよそ3か月後には、成功前と同じ程度の幸せ、あるいは不幸を感じるようになる。常にポルシェの最新モデルに乗っていないと気がすまないという人も同じだ。心理学ではこの落とし穴を「満足の踏み車のワナ」と言う。

ハツカネズミは、踏み車を踏み続け、くるくる回り続けても、結局はどこにもたどりつけない。その状態を人間の欲望になぞらえている。出世し、より多く、より美しいものを手に入れる。それなのに満足できない状態のことだ。

不幸な出来事が起こった場合、たとえば、下半身が麻痺《まひ》して歩けなくなったり、友人を失ったりした場合はどうだろうか？　こういう場合には、わたしたちは、将来ずっと抱き続けるであろう負の感情やその強さを大きく見積もりすぎて、ひどく落ちこんでしまう。苦しみを味わってしまったら、二度と幸せの気配すら感じることはないだろうと心の底から思い込む、だがやはり、平均で3か月もすれば再び笑顔に戻れるという。

新車や新しい仕事や新たな交際が、わたしたちをどれくらい幸せにしてくれるか、幸せな気分がどれくらい続くのか、あらかじめわかれば、そんなにありがたいことはない。その期間がわかれば、わたしたちはあらゆることを明確に決断でき、いつまでも闇の中で手探りしていなくてもよくなるからだ。満足していられる期間、不幸に苦しまなければならない期間について、おおよその見当をつけることができる。

調査例は少ないものの、科学的にも実証されている「幸せを長く感じ続けるためのヒント」を挙げておこう。

①長いこと試してみても慣れることのできないネガティブな現象、たとえば通勤、騒音、慢性的なストレスといったものを避ける。

②車、家、ボーナス、宝くじの賞金、金メダルといった物質的なものによる喜びの効果は短期間しか期待できないことを知っておく。

③ポジティブな効果を長続きさせるためには、できるだけ多くの自由な時間を手に入れ、自分の意思で行動しよう。たとえ収入が減ることになったとしても、もっとも情熱を感じられることに時間を割き、友情をはぐくもう。

思考の落とし穴 48

選択のワナ

なぜ、社内にはいつも
自分と同性が多いのか？

アウトバーン5号線でバーゼルからフランクフルトへ向かう途中、渋滞に巻き込まれる。「どうしていつも自分ばかり渋滞にはまるんだ、ちくしょう」とののしり、うらやましくなるようなスピードでビュンビュン飛ばす反対車線の車を見る。1時間ものろのろ運転で、ギアをカチャカチャ切り替えているうちに、クラッチを踏む足は疲れ、こう考えたくなってくる。自分はとんでもなく運が悪いのだろうか？店のレジでもいつも流れの悪い列に並んでいるのだろうか？　単に気のせいか？

たとえば、バーゼル―フランクフルト間では、1日のうちの10％の時間、渋滞が発生するとしよう。わたしが渋滞に巻き込まれる可能性は、渋滞が発生する確率、つまり10％よりも高くなることはない。それなのに、自分が運転しているときに実際に渋滞にはまりこむ確率は10％よりも高い。そう思ってしまう理由は、渋滞のときにはゆっくりしか進まず、その分、余計に時間が費やされるからだ。それだけでなく、車がスムーズに流れているときには渋滞のことなどまったく考えないのに、渋滞にはまった瞬間に気になり出すからである。

スーパーマーケットのレジや信号の待ち時間にも同じことが言える。たとえば、A地点からB地点まで行く間には10台の信号機が設置されていて、平均すると、その区間を通るときに赤信号に引っかかるのは一度だけ（10％）、残りの9つの信号は青ですいすい走り抜けられるとする。だが、AB間を走り抜けるのにかかった時間のうち、赤信号で止まっている時間は10％以上になる。

言っていることがよくわからない？　では、想像してほしい。あなたは光の速さで走っている。AB間を光速で走り、途中で一度だけ赤信号にはまり、止まったとする。その場合、AからBまでの走行時間の99・99％は、赤信号の前で青になるのを待ちながら、ぶつぶつ文句を言っている。おわかりだろうか？　**同じ状況でも、全体から見た場合と、自分がその状況にはまりこんでいる場合とでは、感じ方が変わってくる。**

先の信号の例で言えば、信号につかまる確率が10％というのは、外から全体を見た場合であり、信号にはまる確率が10％よりも高いと感じるのは、信号での待ち時間も含めて運転にかかった全時間を基準にして見ているからだ。信号にはまる確率は、AB間を走る車が信号にかかった回数で割り出されるが、あなたは、その確率を計算するときに走っていた車、つまり、統計をとる上でのサンプルの立場なのだ。自分がこのサンプルの立場にいるときには、全体ではなく、自分のいる環境を中心にしてものごとをとらえ、間違った解釈をする可能性がある。**統計サンプルを選ぶ際に、全体（先**

の例では走行しているすべての車）ではなく、偏ったサンプル（運転席のあなた）を選ぶことで間違った見え方をしてしまうことを「選択のワナ」と言う。

男友だちの1人は、社内に女性の数が少なすぎるとよくぼやいている。女性の友人も、社内には男性が少ないと言っている。しかし、彼らは運が悪いからこのような環境にいるのではない。「選択のワナ」にハマり、自分を基準に考えるから不満を感じるのだ。全体を見ていないために、自分だけがそのような境遇にいると思ってしまうが、職場に同性の同僚が多くても不思議なことではない。

たとえば、どこかで適当に男性をつかまえて、職場には男性のほうが多いか、女性のほうが多いかたずねてみよう。すると、その人が男性の数のほうが多い職場で働いている確率は高くなる。女性にも同じことが言える。職種は性別に左右されることが多いため、全体から見れば、同性の同僚が多い職場で働く確率のほうが高いのだ。

範囲をさらに広げて考えてみよう。あなたが男女の割合が大きく偏っている国（たとえば中国やロシア）の人だとする。そして、あなたの性別が過剰な側の性別で、パートナーを見つけられずに嘆いているとする。しかし、どうして自分だけが、と感じることがあっても、それは自分を基準に見ているからで、全体から見れば、あなたが過剰な側の性別になる確率のほうが高いのである。

「選択のワナ」の極端な例として、サンプルが1つしかなく、しかもそれが全体というケースもある。あるとき友人が、「自分（彼自身）が存在していることが奇跡に近い」と興奮しながら語っていた。しかし、このような発言は実際に存在している本人にしかできない。自分が存在しなければ、自分が存在していないことにも驚けないからだ。「選択のワナ」は、いたるところに存在している。経営者がしばしば陥る落とし穴だ。

たとえば、ニュースレターを発行している会社が、ニュースレターの効果を判断するために、購読者にアンケート用紙を送ったとしよう。しかしアンケートを受け取ったのはニュースレターを購読している人、要するにニュースレターに満足している人だけ。不満な人たちは、はじめから調査対象者に選ばれていないのである。結果から言えば、このアンケートには価値がない。

特に愉快なのは、最近受けた電話アンケートだ。ある会社が、一家庭に平均でどれくらいの数の電話（固定電話と携帯電話）があるかを調査しようとした。アンケートの分析結果が出ると、電話のない家庭は1軒もないことに人々は驚いていた。電話アンケートなのだから、当たり前だ！

連想のワナ

なぜ、悪い知らせだけを
伝えるべきなのか?

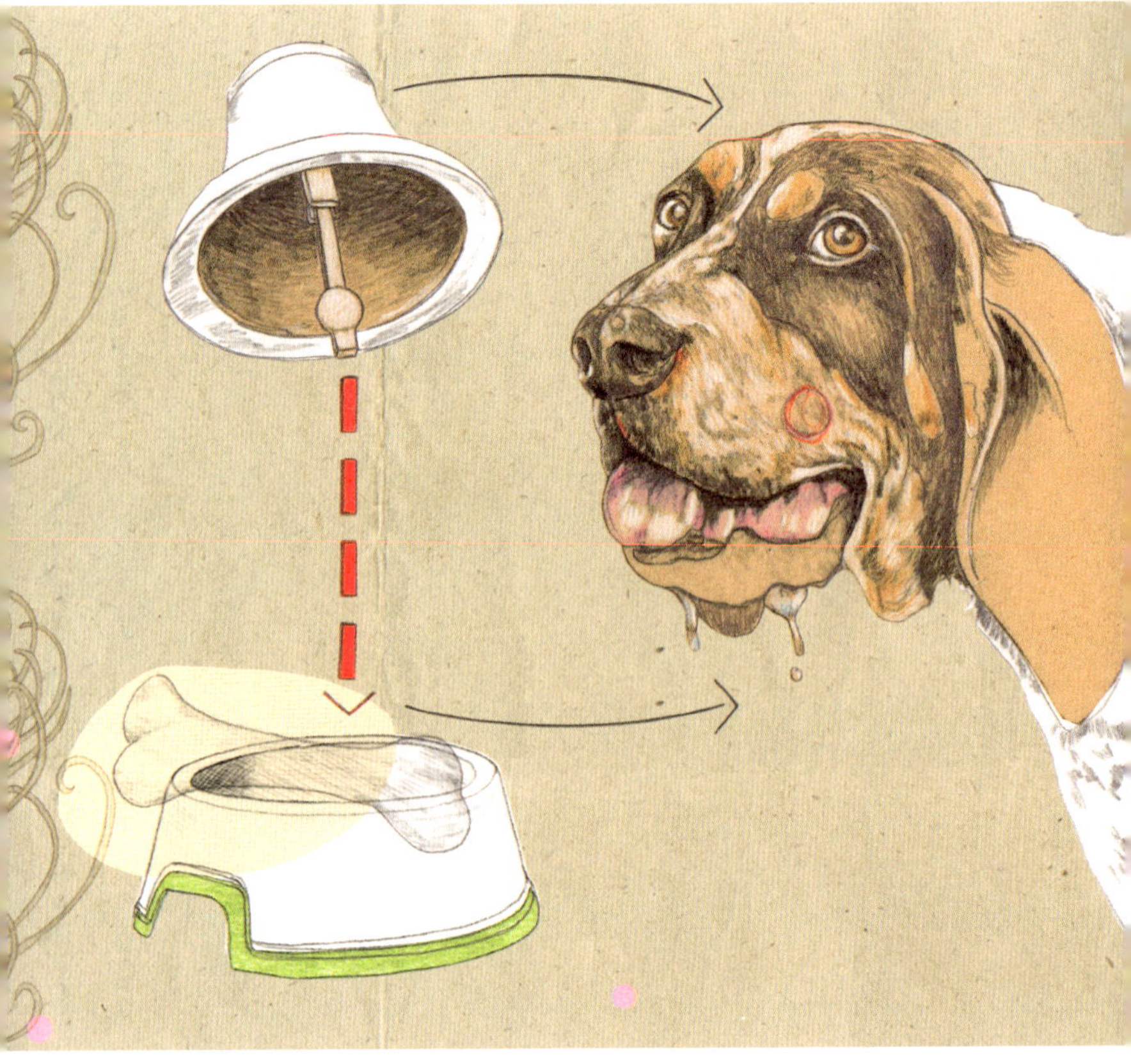

ケヴィンは監査役会でこれまでに3回、事業報告をした。毎回、完璧な報告だった。そして毎回、彼は「緑色の水玉模様の下着」を身につけていた。彼はこう考えている。うまくいくのは当然さ、勝負パンツをはいていたのだから。

ケヴィンは宝石店に入った。店員はとても美しい女性だった。彼女は控えめに、ケヴィンに100万円もする婚約指輪を勧めた。ケヴィンは買わずにはいられなかった。100万円は予算をはるかに上回る金額だったが(二度目の結婚なのでなおさらだ)、その指輪と店員の美しさを無意識のうちに結びつけて想像していたのだ。未来の妻もこの指輪をはめれば、彼女のように美しく見えるだろうと。

毎年、ケヴィンは健康診断を受けている。今年、医師は「44歳にしては上々の健康状態だ」と太鼓判を押してくれた。だが、これまでに衝撃的な診断を下された体験が2回あった。一度は盲腸で、早急に摘出手術を行わなければならなかった。もう一度は、前立腺に異常が見つかったときだ。幸いなことに悪性ではなく良性であることが判明した。ケヴィンはどちらの病気のときにもひどくショックを受けた。そして、この日はどちらも異常に暑かった。それからというもの、太陽がかんかん照りつけると、彼の気分は優れず、医者の予約が入っている日が猛暑だと、直前にキャンセルするようになった。

わたしたちの脳は連結器のようなもので、別々のものごとを結びつけて考える働きがある。これは、基本的にはいいことである。たとえば、見たことのない珍しい果物を食べて気分が悪くなったとする。するとそれからは、その植物の実には毒がある、または、食べられない、と避けるようになるからだ。ここから知識が生まれる。

ただし、間違った知識が生まれることもある。このことを最初に調査したのは、ロシアの生理学者、イワン・パブロフだ。

パブロフは、もともとは犬の唾液の分泌量を測定しようとしていた。実験では、犬にエサをやる前にベルを鳴らすようになっていた。やがて犬は、ベルの音を聞いただけで唾液を出すようになった。本来の働きとはまったく関係のない2つのもの、ベルの音と唾液の分泌を結びつけたのだ。

パブロフの実験方法は、人間の場合にも当てはまる。たとえば、テレビコマーシャルは、商品とポジティブな感情を結びつける。そのため、コカ・コーラのコマーシャルに落ちこんだ表情や衰えた肉体が登場することはない。登場する人は、いつも若くて美しく、はつらつとしている。

「連想のワナ」は、わたしたちが適切な判断を下すのを妨げようとする。たとえば、わたしたちは、悪い知らせを伝える人を好まない傾向がある。この傾向は英語で「Shoot the Messenger Syndrome（使者を撃つ症候群）」と呼ぶ。悪い知らせを運んでくる使者に怒りをぶつけるという意味だ。メッセージを伝える人の人格とメッセージの内容を結びつけてしまうのだ。

したがって、CEOや投資家は、ネガティブな情報を知らせる人を災いそのものと思い込み、その人を（無意識に）避ける傾向がある。そのため、企業の上層部にはよい知らせだけしか届かない。これでは実態は伝わらない。**この落とし穴を自覚しているウォーレン・バフェットは、自分の会社のCEOに、「いい知らせはいらない。悪い知らせだけを、しかも単刀直入に報告するよう」指導していた。**

現代は電話やEメールによる売りこみが盛んだが、以前は、商人が1軒1軒ドアを叩《たた》いてセールスをしていた。ある日、ジョージ・フォスターという営業マンが誰も住んでいない家を訪れたが、彼はそこが空き家であることを知らなかった。その家では何週間にもわたり、ほんの少しずつガス漏れが続き、可燃性ガスが家じゅうに充満していた。運の悪いことに、ドアのベルは壊れていた。フォスターがベルのボタンを押すと火花が散り、家は爆発した。そしてフォスターは病院へ搬送された。

　幸いなことに彼は間もなく回復した。ところが、肉体的には元に戻っても、完全に回復したとはとても言えなかった。というのも、フォスターはベルのボタンを見るとパニックに襲われ、何年も仕事ができなくなってしまったのだ。あのような出来事がくり返し起こることはないと十分に承知していたにもかかわらずだ。いくら努力しても、理性によって（誤った）感情的な結びつきを書き換えることができなかったのだ。

　マーク・トウェインの言葉は、こうした現象をうまく説明している。

「1つの体験だけから多くの教訓を得ようとするときには注意したほうがいい。余計な想像はしないことだ。熱いレンジの上に座った猫のようになってはいけない。猫は二度と熱いレンジには座らないだろう。それは正しい。だが、冷たいレンジの上にも二度と座らなくなる」

思考の落とし穴 50

ビギナーズラックのワナ

なぜ、「はじめから順調」のときが
危ないのか?

前章では、「連想のワナ」について説明した。互いにまったく関係のない複数の出来事をつなぎ合わせて判断してしまう傾向のことだ。3回たて続けに監査役会での報告をみごとに成功させ、そのときに3回とも緑色の水玉模様の下着を身につけていただけで、その下着は縁起物だと信じても意味がない。

本章では、「連想のワナ」の中でも特に注意すべきケースを紹介する。それは、「ビギナーズラック」と呼ばれる、早い時期に成功し、自分にはできるという（間違った）思い込みをしてしまう現象である。

賭け事をする人ならこの現象について身に覚えがあるだろう。はじめての勝負で負けると、その勝負からさっさと手を引くが、勝って甘い汁を吸うと勝負を続ける傾向がある。はじめに成功を収めた幸運な人は、自分には普通の人よりも才能があると信じこみ、賭け金をアップする。そして、ご多分に漏れず、やがて運の悪いやつへと転落する。この状態は、確率で見た場合にはごく普通のことで、運が悪いのではなく、元に戻っただけである。

「ビギナーズラック」は、経済の世界でも深刻な事態をもたらすことがある。たとえばA社が、B、C、Dの3つの小さな企業を順番に買収したとする。買収は成功し、業績が上がっていった。そのことからA社の経営陣は、自分たちは企業買収が抜群にうまい、と自信を強めてしまう。勢いづき、次は、これまでの企業よりよりもはるかに大きなE社を買収する。ところが、この会社の吸収は大失敗に終わった。冷静な目で見れば、こういう事態が発生する可能性もあると予測できたであろう。しかし、「ビギナーズラック」にだまされてしまったのだ。

同じことが株取引でも起こっている。１９９０年代後半になると、多くの人がインターネット株取引をするようになった。初心者が成功すると、調子に乗って貯金をすべて株につぎこむ。そのために借金をする者までいた。しかし、彼らは重大なことを見落としていた。それは、その当時、驚くほどたくさんの利益を出せたことと、自分の株の銘柄を選ぶ能力とはまったく関係がなかったということだ。知識がなくても、誰もが株で儲《もう》けられる時代だったのだ。市場は高騰し、どんな株でも値上がりした。だがその後、相場が下落すると、多くの人は借金で身動きが取れなくなってしまった。

同じような動きが、２００1年から２００7年までアメリカの不動産ブームで見られた。歯科医、弁護士、教師、タクシー運転手。多くの人が仕事を辞め、ただ土地を「転がして」いた。不動産を買っては、すぐに高い価格で転売する。はじめに大きな利益が出ると、自分たちには不動産売買の才能があると思い込んでしまった。もちろん、売買が成功したのは不動産を扱う特別な能力があったからではない。不動産バブルが、不動産取引がそれほど上手ではないシロウトを予想外に成功させただけである。たくさんの人が、さらに多くの、さらに大きな豪邸を「転がそう」と借金を背負い込んだ。やがてバブルが崩壊すると、借金の山だけが残った。

「ビギナーズラック」は、世界史の中にも見られる。ナポレオンやヒトラーでさえ、初期の戦いで勝利を収めていなければ、ロシアまで侵攻したかどうか、疑わしい。

では、どの瞬間からが「ビギナーズラック」ではなく、「才能」なのだろうか？明確な境界線はない。だが、それを見分けるヒントが2つある。

1つは、長期間にわたって、他の人より自分のほうが明らかに成績がいいのであれば、才能が一役買っている可能性があると見てもいいだろう。だからといって、必ずしもそうとは言いきれない。もう1つは、参加している人が多ければ多いほど、運だけで成功している人の割合が高くなるということだ。あなたも、単に運のいい人の一人かもしれない。ライバルがたった10人しかいない市場で、リーダーとしての地位にいられるならば、それは、あなたにある種の才能があることを示している。だが、ライバルが1千万人もいるような市場（たとえば金融市場）で成功したとしても、あまりうぬぼれないことだ。単に、運がよかったのだと考えよう。

いずれにせよ、自分に才能があるかないかを判断するには、あせらずに様子を見ることだ。自分には才能があると過信し、行動に出たがために、破滅的な結果がもたらされることもあるからだ。

自分のことを錯覚しないようにするためには、学者のような方法を用いるといい。自分に才能があるという推測が誤っていることを証明するのだ。

わたしは、書き終えたまま引き出しにしまっておいたはじめての小説『35歳』を、スイスのディオゲネス出版にだけ送った。すると、出版されることになった。そのときは、自分は天才だ、文学界の大事件だ、と思っていた。ちなみにディオゲネス出版では、およそ1万5千点の持ち込み原稿に対して1点の割合でしか刊行しないそうだ。

わたしは出版契約書にサインをしてから、自分には本当に才能があるのかテストしようと思い、大手の文芸出版社10社にこの原稿を送ってみた。すると、10社すべてから断られた。これでわたしの〝自分は天才〟説は誤っていることが証明された。このことによって、わたしは再び、地に足をつけることができたのだ。

思考の落とし穴 51

思惑と結果のワナ

なぜ、自分への嘘《うそ》でつじつまを
合わせようとするのか？

1匹のキツネがブドウの木にしのびよる。キツネはもの欲しげに、紫色に熟したブドウの実をじっと見つめていた。

キツネは木に前足をかけて立ちあがると、首を伸ばし、ブドウをとろうとした。けれども、高すぎてとれなかった。キツネは腹を立てながらもう一度挑戦し、今度は力強くジャンプして、パクリと口を動かした。けれども空気に喰《く》いついただけで何もとれなかった。

三度目は、全身の力を込めて跳びあがった――あまりにも高く跳んだので、背中から落ちてしまった。それなのに、葉っぱにもかすらなかった。キツネは鼻にしわをよせた。「どうせこのブドウは熟れていないんだ。すっぱいブドウなんか食べたくないさ」。キツネは顔を上げ、つんとすまして森に戻った。

ギリシャの作家イソップの寓話《ぐうわ》は、もっとも頻繁に起こる考え方の落とし穴の1つ、「思惑と結果のワナ」について説明している。キツネの思惑と結果が合わなかった。だが、次の3つの方法を用いれば、キツネはこの腹立たしい状況を解消できるだろう。

①何らかの方法でブドウをとる。
②自分の能力が足りないことを認める。

③あとから、自分の考えを変える。

この③にあたるケースが「思惑と結果のワナ」である。

簡単な例を挙げてみよう。あなたは新車を買ったが、間もなく、自分が選んだものを後悔する。エンジン音がうるさい、シートの座り心地が悪いなどなど。さて、どうするか？　返品する。いや、そんなことをすれば、車選びが間違いだったと認めることになってしまう。それに、販売店も購入価格では引き取ってはくれないだろう。

そこで、うるさいエンジンと座り心地の悪いシートは、居眠り運転防止にうってつけだ、つまり、特別に安全な車を買ったのだ、と自分自身を説得する。それほど愚かな選択ではなかった、と考え直し、再び満足する。

スタンフォード大学の心理学者、レオン・フェスティンガーとメリル・カールスミスが、次のような実験を行った。

はじめに、学生たちに1時間、非常に退屈な作業をしてもらう。その後、彼らは2つのグループに分けられた。グループAの学生は1ドルずつ渡され（実験が行われたのは1959年）、外で待っている学友に、実際にはわずらわしい仕事だったにもかかわらず楽しい作業だったと伝えるよう（要するに嘘をつくよう）指示された。

同じことがグループBにも指示されたが、グループAとは異なる点があった。Bの学生は、小さな嘘をつくのに1ドルではなく20ドル受け取った。その後、仕事が楽しかったと伝えたときにどんな気分がしたか、学生たちに報告させた。すると、興味深い結果が出た。20ドルの報酬を与えられた学生よりも、1ドルしかもらっていない学生のほうが、退屈な仕事について、とても楽しく、興味深かったと答えたことだ。

どうしてだろうか？　少ししか報酬をもらっていないのにわざわざ嘘をつく必要はない。となれば、実際に、仕事はそれほどわずらわしくはなかった、と思うことにしたのだ。20ドルを受け取った学生は、自分の考えを修正する必要はなかった。嘘をつき、その代償として20ドルを受け取った。バランスのとれた取引だ。

ある会社の求人に応募したが、あなたではなく別の応募者が採用されたとする。自分には十分な専門知識がなかったと認める代わりに、本当はこの職にはじめからつきたくなかったのだ、と自分に言い聞かせる。自分の「市場価値」を試して、面接を受けるチャンスがあるかどうか知りたかっただけ、と考えを変えるのである。

わたしにも似たような経験がある。かなり前のことだ。わたしは、2つの株のうち、どちらを買うか迷っていた。そしてわたしが買った株は、ほどなくして大きく下落したのに対し、もう1つの株は勢いよく上昇した。愚かな決断だった。

けれどもわたしは、自分のおかした間違いを認められなかった。今でもはっきり覚えているが、あのときわたしは大まじめに、この株は、現在はいくらか弱くなっているが、ほかの株よりももっと大きな「可能性」を秘めているのだ、と友人を説得しようとした。「思惑と結果のワナ」が原因としか説明のつかない、愚かな自己欺瞞《ぎまん》である。その株が本当に「可能性」を秘めているのであれば、購入のタイミングを待ち、それまではすぐに儲かる別の株に投資して様子を見るのが筋だろう。

イソップの寓話を聞かせてくれたのは、わたしが説得を試みたその友人である。「きみはその小賢《こざか》しいキツネを演じていればいいさ。だから、きみはブドウを食べられなかったんだよ」

思考の落とし穴 52

目先の利益のワナ

なぜ、「今この瞬間を楽しむ」のは
日曜だけにすべきなのか？

あなたはこんな言葉を聞いたことがあるだろう。「今日が人生最後の日のつもりで、今を生きよう」。こういう言葉は、さまざまなライフスタイル誌に少なくとも3回は登場する。自己啓発書にも必ず入っているお決まりの文句だ。しかし、この言葉がいたるところに登場しても、決してあなたのためにはならない。

想像してほしい。あなたは今日から歯も磨かなければ髪も洗わない。部屋の掃除もしなければ仕事もほったらかしで、請求書の支払いもしない。そんなことをしていたら、あなたは間もなく貧しくなり、病気になり、それどころか刑務所に入る羽目になる。けれども、この言葉には非常に強い憧れの気持ちが込められている。それは、すぐ目の前にあるものへの憧れだ。

今日まで生き残っているラテン語の格言の中で、「カルペ・ディエム（Carpe Diem）」はもっとも人気の高い言葉である。「その日を思う存分に楽しもう、明日のことは気にするな」という意味だ。

目の前に迫っていることにはとても価値がある。だが、実際にどれくらい価値があるのだろうか？　目の前にあるものに対し、わたしたちは理屈に合わないような価値をつけているのではないだろうか。1年後に10万円をもらうのと、1年1か月後に11

万円をもらうのでは、あなたならどちらを選ぶだろうか？　たいていの人は13か月後に11万円をもらうほうを選ぶ。これには意味がある。なぜなら、ひと月で10％（または1年で120％）の利子がもらえるところは、ほかにないからだ。この利息なら、1か月の待ち時間の補償と考えても十分な金額だ。

次の質問だ。今日10万円をもらうのと、1か月後に11万円もらうのでは、どちらを選ぶだろうか？　たいていの人は今日10万円をもらうほうを選ぶだろう。これは驚きである。なぜなら、先ほどの13か月のケースと同じく、待たなければならない期間は1か月であり、1万円多くもらえる。だが、最初の質問のケースでは、あなたはこう言うだろう――すでに1年待ったのだから、もう1か月くらい待てる。2番目の質問では、そうではない。つまり、**わたしたちは、期限の到来する時期によって、矛盾した決断を下してしまうのである。「目先の利益のワナ」にハマっているからだ。決定していることが起こる時期が現在に近ければ近いほど、わたしたちの「感情的な利率」が上昇し、目先の利益に気をとられ、実際の損得計算ができなくなってしまう。**

わたしたちが感情的に異なる利率で計算していることを正しく理解しているエコノミストはあまりいないだろう。エコノミストたちが用いる計算方法は、常に変わらない利率をもとにしている。言ってみれば実際にはあまり役に立たない。

わたしたちが目先の利益に惹《ひ》きつけられるのは、人間が過去にもっていた動物的な本能の名残りでもある。動物は、将来さらにたくさんもらうことができるからといって、今すぐにもらえるエサを我慢することはできない。ラット（ネズミ）を人間の思い通りに行動するよう訓練することはできても、今日、チーズを1つもらうのを我慢させて、明日2つもらうようにさせることは絶対にできないだろう（そうは言っても、リスは木の実をすぐに食べないで土に埋めているではないかって？　動物の本能は、自分の行動をコントロールする能力とは関係ないことが立証されている）。

では、人間の子どもはどのような反応を示すのだろうか？　スタンフォード大学の心理学者、ウォルター・ミシェルは、1960年代に、ご褒美をもらうために欲しいものを我慢できるかという、「自制心」に関する有名な実験を行った（インターネットで「マシュマロテスト（Marshmallow Test）」で検索してみよう。動画サイトYouTubeですばらしい実験の様子が見られる）。

4歳児の目の前にマシュマロを置き、「すぐに食べてもいいが、食べずに15分待ったらご褒美にもう1つマシュマロがもらえる」と伝え、どちらにするかを子どもたちに選択させる。**驚いたことに、食べずに待っていられた子どもはわずかしかいなかった。さらにウォルター・ミシェルは、ご褒美を我慢できる能力がある子どもは、その後、職業上でも成功することもつきとめた。**

　人間は歳をとればとるほど、自制心が高まれば高まるほど、褒美をもらう時期を先延ばしできるようになる。追加で1万円を受け取れるなら、12か月ではなく13か月間よろこんで待つ。とはいえ、今もらえる褒美を先延ばしにできるのは、大きな見返りが期待できるときだけで、目先のものについ手を出したくなる。その最たる例が、クレジットカードのキャッシングや消費者金融といった高利の貸付金だ。わたしたちは欲しいものを今すぐ手に入れるためなら、借金までするのだ。

　結論――目の前にあるご褒美はとても魅惑的に見える。そうした「目先の利益のワナ」は陥りやすい落とし穴である。衝動を抑える力が強くなればなるほど、この落とし穴をうまくかわせるようになる。衝動を抑える力、たとえばアルコールに対抗する力が弱くなればなるほど、ワナにハマりやすくなる。カルペ・ディエム（今この瞬間を楽しもう）はいいアイデアだ。ただし、1週間に一度だけにしよう。人生最後の日のように、目先のことだけしか考えずに毎日を楽しむのは間違いである。

おわりに

社会の中で、一般的な考え方に従いながら生活するのは簡単だ。孤立して、自分の考え方だけで生きることも難しくない。しかし、偉大な人間とは、社会の中にいながらも自立した考え方を保ち続けることができる人である。

——ラルフ・ワルド・エマーソン（米国の思想家）

不合理な行動についての理論には、〝熱い〟理論と〝冷たい〟理論がある。熱い理論は古くから存在している。プラトンは、感情と理性の関係を、激しく疾走する馬とそれを操る馭者《ぎょしゃ》にたとえた。理性が感情をコントロールするのである。だが、それがうまくいかないと、愚かな結果が待っている。別のたとえでは、感情は火口から吹き出す溶岩だ。たいていは、理性が感情にふたをして抑えつけることができる。だが、ときには不合理の溶岩が爆発する。不合理な行動は感情が爆発したときに起こると考えられていることから、熱い理論と名付けられた。本来ならば、理性があれば万事うまくいく。理性は過ちをおかさない。それなのに、感情が勝ることのほうが多い。

何百年以上にもわたり、不合理な行動が起こる原因は、こうした熱い理論で説明されてきた。フランス生まれの神学者で宗教改革の指導者だったジャン・カルヴァンは、感情は悪であり、感情を抑えこむには神に頼るしかないと唱えていた。感情の溶岩を吐き出した者は悪魔にとりつかれているとみなされ、拷問にかけられて処刑される。フロイトによると、感情は自我と超自我でコントロールされている。だが、感情を抑圧して、自分自身をコントロールできるとか、思考することで感情を完全にコントロールできるというのは、単なる錯覚にすぎない。それは髪の毛が伸びる速さを思い通りに調整しようとするのと同じくらい無理なことなのだ。

一方の冷たい理論はまだ新しい。第2次世界大戦後、多くの人が、ナチスの不合理な行動がどうして起こったのか、その答えを求めていた。これまでの理論では、不合理な行動は感情が爆発した際に起こるものと考えられていた。ところが、ヒトラー政権では感情が爆発する場面がほとんど見られなかった。ヒトラーの熱狂的な演説も、感情を爆発させたものではなく、芝居と演出でしかない。火山の爆発はどこにも存在しないのに、冷酷な決定が国民社会主義の狂気へと導いていったのだ。ロシアのスターリンやカンボジア共産党（赤色クメール）についても同じようなことが言える。これらの独裁政権は、計算し尽くされた計画のもとに人々を脅威へと導いていった。だからと言って、これらが誤りのない合理的な行動と言えるのだろうか？　そうではない。彼らの行動の背景には、感情の爆発がなくても何らかの誤り、つまり論理的ではない考え方があったに違いないのだ。

１９６０年代に入り、心理学者たちは、人間の思考や決定の仕方や行動パターンについて、不合理な行動は感情を抑えられないために起こるというこれまでの理論とは別の視点に立った研究を始めた。その結果生まれたのが、人間の不合理な行動に関する冷たい理論だ。この理論では、人間というものは、そもそも論理的に考えずに間違いをおかしやすい。それは、すべての人に当てはまると考える。優れた知性をもちあわせている人ですら、同じ落とし穴に何度もハマりこんでは、試行錯誤をくり返している。こうした誤りは偶然に起こるのではない。ハマった落とし穴の種類によって、決まった方向に間違いをおかすのである。そのことを理解すれば、過ちを予測でき、ある程度、行動を修正することができる。それでも、あくまである程度にすぎず、決して完璧には修正できない。

何十年もの間、人間がどうしてそういう落とし穴にハマってしまうのか、その理由は解明されなかった。わたしたちの身体では、脳以外の部分は、心臓も筋肉も呼吸器も免疫システムもどれも完璧に機能している。それなのに、どうして、よりによって脳は次々とミスをおかすのだろうか?

考えるという行為は自然現象である。動物の体形や花の色と同じように、進化の過程に沿って形成されたものだ。たとえば、5万年前に遡って先祖をつかまえ、現代に連れてくることができたとしよう。美容院に連れていき、整髪し、ブランド物の服を着せる。その人が道を歩いていてもきっと目立たないだろう。もちろん、彼は言葉を学ばなければならない。車の運転や電子レンジの使い方も学習しなければならない。しかし、それらはすべて、わたしたち現代人にとっても子どもの頃から学ばなければならないことだ。わたしたちは生物学的には、原始人となんら違いはなく、どんなにブランドの服に身を固めても、脳をはじめとする肉体は、狩猟と採集をする人間にすぎないのである。

変化したのは人間そのものではなく、わたしたちが暮らす環境のほうだ。原始時代は単純で変化がなく安定していた。人間は50人ほどの小さな集団の中で生きていた。技術的な進歩も、社会的な進歩もたいしてなかった。世の中が激しく変化し始めたのは、ここ1万年ほどのことである。農耕や牧畜が盛んになり、町が形成され、国と国の間で取引が行われるようになる。工業化が進んでからというもの、人間の脳にとって最適な環境はもはやほとんど残っていないと言えるだろう。今日では、ショッピングセンターを1時間ぶらぶらするだけで、わたしたちの先祖が一生の間に見かけたよりもたくさんの人間を目にする。いまや10年後の世界がどんなふうになるかがわかると言う人がいたら、笑い飛ばされるだろう。この1万年の間に、人間は、自分たちでももはや理解することのできない世界をつくり上げてしまったのだ。

文明が発展すると同時に、わたしたちの生活はより複雑になり、ありとあらゆることが互いに関係する社会がつくり上げられていった。その結果生み出されたのが、物質的な豊かさである。しかし残念ながら、その代償として、文明病とともに、思考の落とし穴も生み出されてしまった。今後も社会はますます複雑になり、わたしたちは、より頻繁にこの落とし穴にハマり、より深刻な問題が起こるだろう。

たとえば、狩猟や採集といった環境においては、考える作業よりも実際に行動するほうが、はるかに価値が高かった。生き延びるためには、即座に反応することが重要で、長いことあれこれ思い悩むのは大きなマイナスだった。仲間が急にその場を走り去ったら、自分もすぐにあとを追って逃げることに意味があった。仲間が目撃したのは、本当にトラだったのか、ただのイノシシだったのか、それすら考えずにただ逃げ出す。

そのときに、第1の間違い（危険な動物がいるのに逃げなかった）をおかせば、命を失う。だが、第2の間違い（危険な動物ではないのに逃げ出した）をおかしても、エネルギーを少々消費するだけで、大きな問題にはいたらない。逃げ出さなかった人は遺伝子を残すことができずに消えていった。つまり、現存しているわたしたちホモ・サピエンスは、他人のあとをついて逃げてばかりいた人間の子孫なのだ。

だが、このような直感的な行動は、現代社会では不利になる。現代では、しっかり考え、自主的に行動するほうが価値があるのだ。投資ブームに乗って大損をしたことのある人なら、どういう意味かわかるだろう。

進化心理学は、まだただの理論にすぎないが、非常に説得力がある。思考の落とし穴の大部分は、この進化心理学で説明される。「ミルカ社のチョコレートのパッケージにはどれも牛の絵が描いてある。だから、牛の絵がついているチョコレートはミルカのチョコレートだ」。このような間違いは、ときには教養のある人にも見られる。しかし、文明から遠く離れ、未開の地で暮らしている人々もこのワナに引っかかる。文明に関係なく同じワナにかかるということは、狩猟・採集をしていたわたしたちの先祖も同じ間違いをおかしていたに違いない。つまり、思考の落とし穴の中のいくつかは、原始時代から人間の中にしっかりと組みこまれている。それらはわたしたちが暮らす環境が〝突然変異〟したこととはまったく関係がないのである。

ではどうして、人間は間違いをおかすようにプログラミングされているのだろうか？　どう説明したらいいのだろう？

単純な話だ。進化はわたしたちを決して〝最善の状態〟、つまり完璧にはしてくれていないのだ。つまり、わたしたちがほかの生き物よりも環境に適応している限りは、行動に間違いがあっても許される。数百万年前から現代にいたるまで、たとえばカッコウは、オオヨシキリ、モズ、アカモズといった小さな鳥の巣に卵を産み落とし、その鳥がカッコウの卵を孵化《ふか》させ、ヒナまで育てている。これは、進化の過程で（まだ）修正されていない、鳥の行動上の間違いである。その間違いが、それほど深刻ではないから、現在まで残っているのである。

第2の説明は、1990年代の終わりから唱えられている。それによれば、人間の脳は、真実を追求するためではなく、繁殖を目的として機能している。別の言い方をすれば、考えるという行為がもっとも必要とされるのは、ほかの人を説得するときである。他人を納得させれば権力の座につくことができ、同時に、より多くの資源や手段を手に入れられる。資源や手段を手に入れられれば、子孫を残す上で決定的に有利になる。脳の働きが真実の追求を最優先させていないことは、書籍市場を見てもよくわかる。実用書のほうが真実にはるかに近いのに、よく売れるのは小説だ。

第3の説明は、次の通りである。直感的な決断は——それが完璧に合理的ではなくても——、特定の状況においてこそ価値がある。わたしたちは、多くの場面で少ない情報をもとに決定を下している。つまり、考える過程を省き、経験から判断しているのだ。たとえば、あなたがさまざまな女性（あるいは男性）に惹《ひ》かれているとする。あなたは誰と結婚したらいいのだろうか？　合理的には答えは出せない。頭を使った判断を頼りにしていると、おそらくあなたは永久に独身のままである。要するに、わたしたちはしばしば直感的に決断し、あとになってから自分の選択に対して理由づけをするのである。仕事についても人生のパートナーについても投資先についても、多くの決定が無意識のうちに下される。だが、その一瞬後に、それを選択した理由を自分自身で組み立ててしまうので、意識的に決断したような印象をもってしまうのだ。考えるという行為は、純粋に真実を追求する科学者よりも、むしろ弁護士に似ている。弁護士は、すでに決まっている結論にぴったりと合う理由をでっちあげるのが得意だからだ。

だから、中途半端なビジネス書に書かれているような「右脳・左脳の働き」のことなどは、忘れてしまおう。それよりもはるかに重要なのは、直感的な思考と論理的な思考の違いである。それぞれの考え方には、それを使うのに最適な場面というものがある。直感的な思考は、即座に、そして自然に発生し、エネルギーをあまり必要としない。それに対して、論理的な思考は時間がかかり、労力を要し、多くのエネルギー（カロリー）を消費する。

もちろん、論理的なことと直感的なことが重なり合う部分もある。楽器を練習するときには、楽譜を読みながら1本1本の指にしなければならないことを命じる。すると、時間の経過とともに、ピアノや弦楽器を直感的に操れるようになる。楽譜を見ただけで手がひとりでに動くのだ。ウォーレン・バフェットは、プロの音楽家が楽譜を見るのと同じようにバランスシートを読む。それは、バフェットが「能力の輪」と名づけた直感的な理解力、または名人芸の領域である。だが、残念なことに、直感的な考えは、わたしたちが決して熟練していない領域でも活躍する。しかも、几帳面《きちょうめん》な理性が調整に入ろうとする前に勝手に動き出してしまう。そうなると、思考の落とし穴にハマるしかなくなってしまうのだ。

最後に、3つのことを書いておきたい。1つ目は、思考の落とし穴は、このほかにもあるということだ。本書ですべてを網羅しているわけではない。

2つ目は、ここでは病理学的な障害を問題にしているのではないという点である。思考の落とし穴にハマっても、わたしたちは日常生活を問題なく送ることができる。思考の落とし穴にハマって1千億円の損失を出したからと言って、そのCEOが入院しなければならないということではない。また、思考の落とし穴から解放されるための治療方法も薬もない。

3つ目は、ほとんどの思考の落とし穴は相互に関係し合っているという点である。驚くことではない。なぜなら脳の中ではすべてが結合しているからだ。ニューロン(神経細胞)の働きによって、1つの脳の領域から別の脳の領域へと情報が伝えられていくのである。単独で機能している脳の領域は1つもない。

こうした落とし穴に興味をもち、このテーマについて書き著すようになってから、しばしばこう質問される。「ドベリさんは、どうやって落とし穴にハマらずに生活しているのですか?」。答えは、「落とし穴にハマらないなんてありえない」である。

論理的に考えて行動するのには労力がいる。そこで、わたしは自分に次のような規則を課している。失敗すると大きな損害が出るような状況、つまりプライベートやビジネスで重大な決断を下すときには、できる限り慎重に、合理的に判断するようにしている。パイロットがチェックリストを使うように、わたしも自分でつくった落とし穴リストをさっと取り出し、次々に目を通していく。自分のために手ごろなチャート式の決断チェックリストをつくったのだが、それを使えば、重要な決断を正しく下そうとしているかどうかを徹底的に確かめられる。失敗してもそれほど大きな問題にならない状況では（車をBMWにするかVWにするかというような選択においては）、論理的に考えるのをやめて、自分の直感に任せている。論理的に考えるのは骨が折れる。だから、大きな損害が出ない場面では、頭を使って悩まずに、間違いをおかすことを自分に許すのである。そのほうが生きやすい。わたしたちがそれほど大きな危険をおかさずに生きている限りは、わたしたちの決断が正しくても間違っていても、自然にとってはそれほど大きな問題ではないのだ。

しかし、重要な場面では、どのような決断を下すべきかよく考えることが必要なのである。

ロルフ・ドベリ

謝辞

本書の執筆にあたり、インスピレーションを与えてくださったナシーム・ニコラス・タレブに謝意を表します——この本を発行しないよう（「小説を書いていなさい、実用書は魅力的ではないよ」と）、忠告されたけれども。

本文を見事に編集してくださったコニ・ゲービストルフに感謝しています。文章を完璧に修正してくださったジュリアーノ・ムージィオ、出版界にすばらしいつながりをつくってくださったアルンヒルド・ヴァルツ＝ラズィリエーにも感謝しています。毎週、考えていることを理解しやすい文章に仕上げなければならないというプレッシャーがなければ、本書は存在しなかったでしょう。

「フランクフルター・アルゲマイネ・ツァイトゥング」紙のコラムにとりあげてくださったドクター・フランク・シルマッハー、「ゾンタークスツァイトゥング」紙でコラムに採用し、スイスへの門戸を開いてくださったマルティン・シュピーラーに御礼を申し上げます。

本文に合ったイラストを提供してくださったグラフィックアーティスト、ビルギット・ラングにも感謝しています。

編集者セバスティアン・ラムスペックとバルツ・シュペリ（両者ともに「ゾンタークスツァイトゥング」紙）とドクター・フーベルト・シュピーゲル（FAZ）に心より御礼申し上げます。

コラムが新聞紙面に登場する前に、みなさんが厳しい目でチェックしてくださったおかげで、誤りと不明確な点を解消することができました。

そして、数えきれないほどの編集の段階を経て完成した最終的な文章の責任は、わたしひとりにあることをここにお断りしておきます。

訳者あとがき

本書『なぜ、間違えたのか？　誰もがハマる52の思考の落とし穴』（原題 Die Kunst des klaren Denkens ― 52 Denkfehler, die Sie besser anderen überlassen）は、ドイツの「フランクフルター・アルゲマイネ・ツァイトゥング」紙とスイスの「ゾンタークスツァイトゥング」紙に連載された「思考の落とし穴（明晰《めいせき》な思考法）」に関するコラムを1冊の書籍にまとめたものである。２０１１年９月にドイツで刊行されると、たちまちニュース週刊誌「シュピーゲル」のベストセラーリストに入り、２０１１年の終わりから２０１３年７月まで、連続80週にわたりベストテン入り、現在もその記録を伸ばしつづけている。２０１２年年間ベストセラーのノンフィクション部門で1位を獲得した話題作である。

人間の思考は決して合理的ではない。思いもよらぬ不合理な行動をとってしまうこともある。それが失敗や思いもよらぬ間違いを引き起こす。失敗を招きかねないそうした思考のワナ、つまり「思考の落とし穴」は、行動経済学や社会心理学、進化心理学の分野で研究されており、著者によると、現在わかっているだけでおよそ120のワナが存在しているという。本書ではそのうち、52の思考パターンを取りあげている。

本書で紹介されている思考のワナには、身につまされる話がたくさん登場する。わが身を振り返ってみると、日ごろ一貫した行動をとるよう気をつけていても、どんなに合理的な決断を下したつもりになっていても、いかに感情的にふるまったり、直感を頼りにしか決断を下していなかったりしているかに気づかされる。

誰しも、自分では考えてもいなかったことなのに、周りの意見に同調して賛成してしまったり、自分だけが周囲とは違う行動をしたために、冷たい反応をされたと感じてしまったりすることがあるのではないだろうか。だがそれもこれも、本書で紹介されている思考のワナにハマっているからなのだ。

私も本書を訳しながら、ああなるほど、と思うことが多々あり、驚きの連続だった。ちょっと小銭を落としたくらいで大さわぎしてみたり、できないのならはっきりとそう言ってくれればいいのに、と医者の助言に不満を抱いたり、買い物をするときに、さまざまな種類の商品を目の前にして気分が萎えてしまい、適当に選んであとで後悔したりと、日々の生活が、大なり小なり思考のワナと関係していることに気づいたのだ。あのとき、どうして自分は（あるいは、あの人は）あんな言動をとってしまったのだろう、と思うことはいろいろあるが、今ならその理由がなんとなくわかる。どのようなワナにハマっていたのかがわかると、少しばかりものの見え方が変わり、自分の行動だけでなく、他人の言動も愉快に感じられるようになる。場合によっては、他人に対する怒りを回避できることもある。

私の行動が特に変化したのは、何かを選ぼうとするときだ。それまではそのときの気分や直感で決断していたのだが、たとえば、インターネットの口コミの評価などにしても、いい評価より悪い評価内容を重視するようになった。その結果、以前とは異なる基準で選択し、しかも満足のいくものが手に入れられるようになった。メディアの報道や他人の言動もしかりだ。背景にどんなワナが隠れているのか、その人がどんなワナにハマっているのかが少しでも見えてくると、それまで素通りしていたことに対して疑問を投げかけたり、感情的に反応する前にいったん立ち止まって冷静に考えたりできるようになってきた。

ところで、わが家にはちょっと変わったオス猫が同居している。彼の行動は意外と理性的だ。その1つが食事の仕方である。午後になるとどんなに空腹であろうがドライタイプのキャットフード（カリカリ）は食べない。夕方になると缶詰をもらえることを知っているからだ。おいしく食べたいという下心があるかどうかは不明だが、彼はカリカリには見向きもせずに半日我慢する。目先の利益よりもご褒美を待ちたいというわけだ。もし彼が人間だったら大物になっていたかもしれない。傍らでデレッと仰向《あおむ》けになって寝ている猫を横目に最終章を訳しながら、ふとそんなことを考えた。

人間が陥りやすい不合理な行動には、一定の法則がある。しかし本書を読み、失敗の法則を理解したからといって、常に合理的な決断を下せるようにはならない。合理的な考え方だけをして生きていくこともできない。著者も不合理な行動を完璧に避けることは不可能だと言っている。ただし、どんな考え方がどんな結果をもたらすのか、不合理な行動パターンを認識し、何が起こるか予測できれば、これまでくり返しおかしてきた失敗も、少しは回避できるようになるだろう。失敗をかわせる確率は低いかもしれない。しかし、その失敗から受けるダメージがほんの少しでも小さくなるだけで、長い人生においては、それが積み重なって大きな差となるに違いないのだ。ポジティブシンキングだけではどうにもならない暮らしにくい現代社会の中で、私たちが少しでも冷静に判断を下し、楽に乗り越えていくために、本書を活用していただけると訳者としても幸いである。

さて、高級紙であろうと躊躇《ちゅうちょ》することなく辛口の論調でコラムを執筆し、世の中を斬ってきた著者ははたしてどんな人物なのだろうか。フランクフルトのブックフェアで、著者のドベリ氏と本書が翻訳出版される国々の関係者との顔合わせの場が設けられ、私はそこでご本人にお会いすることができた。ドベリ氏はメディアに露出する際のドレスコードを決めているらしく、その日も新聞でよく目にする、白のワイシャツに紺のジャケット、ブルージーンズという堅苦しくない服装で颯爽《さっそう》と現れた。前のアポイントが長引き、集合場所に少しばかり遅れてやってきたドベリ氏は、申し訳なさそうに頭を下げながら、その場にいたひとりひとりと握手を交わし、あいさつをして回っていた。思ったより腰が低い気さくな方で私の質問にも気軽に丁寧に回答してくださった。そして、「国の事情に合わせたわかりやすい翻訳にしてほしい」というメッセージをいただいた。そんな著者の意向を汲《く》み、一部、日本人にもなじみやすい言葉に置き換え、説明を加えた部分があることをお断りしておく。また、イメージをつかみやすくするために、できるだけ専門用語を避け、一般的な言葉にするよう心がけた点をお伝えしておきたい。

最後に、この本を日本の読者のためにわかりやすく編集してくださったサンマーク出版の桑島暁子さんをはじめ、訳者を助けてくださった皆さまに、この場を借りて、心より御礼申し上げます。内容がうまくつながらず困っている状況から訳者を救い出し、専門用語の扱い方や日本語の表現を辛抱強く指導してくださったリベルの山本知子さん、訳者の度重なる質問の攻撃にもひたすら耐えて、統計や数学の理論、公式を根気強く説明してくれたトム・カーターさんをはじめ、アドバイス、叱咤激励をくださった方々、問題を解決してくださった皆さまに、心より感謝申し上げます。ありがとうございました。

2013年　7月

中村智子

思考の落とし穴 51
思惑と結果のワナ

Plous, Scott: *The Psychology of Judgment and Decision Making*, McGraw-Hill, 1993, p. 22 ff.

思惑と結果のワナに関する模範的な論文: Festinger, Leon; Carlsmith, James M.: »Cognitive Consequences of Forced Compliance«, *Journal of Abnormal and Social Psychology* 58, 1959.

Elster, Jon: *Sour Grapes: Studies in the Subversion of Rationality*, Cambridge University Press, 1983, p. 123 ff.

タレブによると、世界的に有名な投機家のひとり、ハンガリー生まれのアメリカ人、ジョージ・ソロスは、思惑と結果のワナにハマることがまったくないという。ソロスは気まずいなどと思うこともなく、即座に自分の間違いを認め、考え方を改められる: Taleb, Nassim Nicholas: *Fooled by Randomness*, Second Edition, Random House, 2008, p.239.

思考の落とし穴 52
目先の利益のワナ

目先の利益のワナに関する調査報告はたくさんある。はじめての研究論文: Thaler, R. H.: »Some Empirical Evidence on Dynamic Inconsistency«, *Economic Letters* 8, 1981, p. 201–207.

マシュマロテストに関しては以下を参照: Shoda, Yuichi; Mischel, Walter; Peake, Philip K.: »Predicting Adolescent Cognitive and Self-Regulatory Competencies from Preschool Delay of Gratification: Identifying Diagnostic Conditions«, *Developmental Psychology* 26 (6), 1990, p. 978–986.

マシュマロテストは、アメリカの「ザ・ニューヨーカー(*The New Yorker*)」誌にも優れた記事が掲載されている。: Lehrer, Jonah: »Don't! The secret of self-control«, 18. May 2009.

»The ability to delay gratification is very adaptive and rational, but sometimes it fails and people grab for immediate satisfaction. The effect of the immediacy resembles the certainty effect: ... underneath the sophisticated thinking process of the cultural animal there still lurk the simpler needs and inclinations of the social animals. Sometimes they win out.« (Baumeister, Roy F.: *The Cultural Animal: Human Nature, Meaning, and Social Life*, Oxford University Press, 2005, p. 320 f.)

期限の到来期間が著しく長い場合にはどうしたらいいのだろうか? たとえば、あなたはレストランを経営しているとする。そして1人の客から、今日100ユーロの代金を支払う代わりに、30年後に1700ユーロ——年率10%に相当する高い利息をつけて——送金する、と提案されたとしよう。さて、あなたはその話に乗るだろうか? おそらく取り合わないだろう。30年後に世の中がどのようになっているのか、今からわかっている人はいないからだ。それとも、あなたは思考の落とし穴にハマってしまうだろうか? 目先の利益にとらわれてはいけない、長く待つのに十分なだけの高い利息がついているではないか、と考えるだろうか? スイスでは(福島の原発事故以前に)、原子力発電所の建設計画があり、30年かけて採算をとることで検討されていた。愚かしい計画である。30年後にどのような新しい科学技術が開発されるか、誰にもわからない。10年で採算がとれるのであれば建設賛成もありうるだろうが、30年では賛成できない。しかしそれは原子力エネルギーに対するリスクをまったく考慮に入れていない場合であって、リスクを計算に入れると期間に関係なく反対だ。

思考の落とし穴 48
選択のワナ

»A more deliberate form of self selection bias often occurs in measuring the performance of investment managers. Typically, a number of funds are set up that are initially incubated: kept closed to the public until they have a track record. Those that are successful are marketed to the public, while those that are not successful remain in incubation until they are. In addition, persistently unsuccessful funds (whether in an incubator or not) are often closed, creating survivorship bias. This is all the more effective because of the tendency of investors to pick funds from the top of the league tables regardless of the performance of the manager's other funds.« (Moneyterms.co.ukより引用)

»It is not uncommon for someone watching a tennis game on television to be bombarded by advertisements for funds that did (until that minute) outperform other by some percentage over some period. But, again, why would anybody advertise if he didn't happen to outperform the market? There is a high probability of the investment coming to you if its success is caused entirely by randomness. This phenomenon is what economists and insurance people call adverse selection.« (Taleb, Nassim Nicholas: *Fooled by Randomness*, Second Edition, Random House, 2008, p. 158.)

»Gibt es in der Natur vielleicht Dinge und Ereignisse, von denen wir nie etwas erfahren, weil sie unser Gehirn nicht bewältigt?« (Vollmer, Gerhard: *Evolutionäre Erkenntnistheorie*, Hirzel, 2002, p. 135.)

»Der Erkenntnisapparat muss nicht perfekt sein. Dass er nicht ideal sein muss, zeigt auch der Vergleich mit Tieren, die ja auch überleben, obwohl ihr Erkenntnisapparat weit weniger gut arbeitet.« (同上 p. 137.)

思考の落とし穴 49
連想のワナ

ガス漏れのエピソードは以下を参照: Baumeister, Roy F.: *The Cultural Animal: Human Nature, Meaning, and Social Life*, Oxford University Press, 2005, p. 280.

バフェットは悪い知らせを知りたがっている。しかも単刀直入に知らせてくれることを望んでいる。いい知らせは急がない:Munger, Charles T.: *Poor Charlie's Almanack*, Third Edition, Donning, 2008, p. 472.

»Don't shoot the messenger«(代弁者を撃つべからず)がはじめて登場したのはシェークスピアの「ヘンリー4世」第2部。1598年のことだった。

18世紀、アメリカ北東部ニューイングランドを含む多くの国々には「触れ役」と呼ばれる仕事があった。仕事の内容は世間に情報を知らせることだ。触れ役はたびたび悪い知らせ——たとえば増税——を広める役割があったために「使者を撃つ症候群」の犠牲になることがあった。それを防止するために、多くの町では、触れ役を罵倒したり傷を負わせたりした者に対し、重い罪で罰する法律を制定した(この知らせも、やはり触れ役に読みあげられたであろう)。今日では、世の中はそれほど寛大ではない。大声でわめきたてて触れ回るとすぐに投獄されてしまう——ウィキリークスの創設者、ジュリアン・アサンジがいい例だ。

思考の落とし穴 50
ビギナーズラックのワナ

Taleb, Nassim Nicholas: *The Black Swan*, Random House, 2007, p. 109.

Organizational Behavior and Human Decision Processes 94, 2004, p. 74–85.

以下も参照: »Der Unterlassungseffekt« 博士号論文から: Schweizer, Mark: *Kognitive Täuschungen vor Gericht*, Zürich, 2005.

思考の落とし穴 46

自己奉仕のワナ

Schlenker, B. R.; Miller, R. S.: »Egocentrism in groups: Self-serving biases or logical information processing?«, *Journal of Personality and Social Psychology* 35, 1977, p. 755–764.

Miller, D. T.; Ross, M.: »Self-serving biases in the attribution of causality: Fact or fiction?«, *Psychological Bulletin* 82, 1975, p. 213–225.

Arkin, R. M.; Maruyama, G. M.: »Attribution, affect and college exam performance«, *Journal of Educational Psychology* 71, 1979, p. 85–93.

Baumeister, Roy F.: *The Cultural Animal: Human Nature, Meaning, and Social Life*, Oxford University Press, 2005, p. 215 ff.

»Of course you also want to get the self-serving bias out of your mental routines. Thinking that what's good for you is good for the wider civilization, and rationalizing foolish or evil conduct, based on your subconscious tendency to serve yourself, is a terrible way to think.« (Munger, Charles T.: *Poor Charlie's Almanack*, Third Edition, Donning, 2008, p. 432.)

大学進学適性試験の成績の実験に関する文献は以下を参照: Johnson, Joel T. et al.: »The › Barnum effect‹ revisited: Cognitive and motivational factors in the acceptance of personality descriptions«, *Journal of Personality and Social Psychology* 49 (5), November 1985, p. 1378–1391.

適性試験の実験の動画: Ariely, Dan: *Why we think it's OK to cheat and steal (sometimes)* TED.com.

Ross, M.; Sicoly, F.: »Egocentric biases in availability and attribution«, *Journal of Personality and Social Psychology* 37, 1979, p. 322–336.

思考の落とし穴 47

満足の踏み車のワナ

Taleb, Nassim Nicholas: *The Black Swan*, Random House, 2007, p. 91.

Gilbert, Daniel T. et al.: »Immune neglect: A source of durability bias in affective forecasting«, *Journal of Personality and Social Psychology* 75 (3), 1998, p. 617–638.

Gilbert, Daniel T.; Ebert, Jane E. J.: » Decisions and Revisions: The Affective Forecasting of Changeable Outcomes«, *Journal of Personality and Social Psychology* 82 (4), 2002, p. 503–514.

Gilbert, Daniel T.: *Stumbling on happiness*, Alfred A. Knopf, 2006.

Gilbert, Daniel T.: *Why are we happy?*, (Video) TED.com.

Frey, Bruno S.; Stutzer, Alois: *Happiness and Economics: How the Economy and Institutions Affect Human Well-Being*, Princeton, 2001.

intuitive reasoning: The conjunction fallacy in probability judgment«, *Psychological Review* 90 (4), October 1983, p. 293–315.

2種類の考える行為——直感的と論理的——に関しては以下を参照: Kahneman, Daniel: »A perspective on judgement and choice«, *American Psychologist* 58, 2003, p. 697–720.

思考の落とし穴 43
フレーミングのワナ

Tversky, Amos; Kahneman, Daniel: »The Framing of Decisions and the Psychology of Choice«, *Science, New Series*, Vol. 211, 1981, p. 453–458.

医学におけるフレーミングのワナについては以下を参照: Dawes, Robyn M.: *Everyday Irrationality: How Pseudo-Scientists, Lunatics, and the Rest of Us Systematically Fail to Think Rationally*, Westview Press, 2001, p. 3 ff.

Shepherd, R. et al.: »The effects of information on sensory ratings and preferences: The importance of attitudes«, *Food Quality and Preference* 3 (3), 1991–1992, p. 147–155.

思考の落とし穴 44
過剰行動のワナ

Bar-Eli, Michael et al.: »Action Bias among Elite Soccer Goalkeepers: The Case of Penalty Kicks«, *Journal of Economic Psychology* 28 (5), 2007, p. 606–621.

ウォーレン・バフェットは過剰行動のワナを上手に回避している: »We don't get paid for *activity*, just for being *right*. As to how long we'll *wait*, we'll wait *indefinitely*.« (Buffett, Warren: Berkshire Hathaway Annual Meeting 1998)

»The stock market is a no-called-strike game. You don't have to swing at everything – you can wait for your pitch. The problem when you're a money manager is that your fans keep yelling, ›Swing, you bum!‹« (Buffett, Warren: Berkshire Hathaway Annual Meeting 1999)

»It takes character to sit there with all that cash and do nothing. I didn't get to where I am by going after mediocre opportunities.« (Munger, Charlie: *Poor Charlie's Almanack*, Third Edition, Donning, 2008, p. 61.)

»Charlie realizes that it is difficult to find something that is really good. So, if you say ›No‹ ninety percent of the time, you're not missing much in the world.« (同上 p. 99.)

»There are huge advantages for an individual to get into a position where you make a few great investments and just sit on your ass: You're paying less to brokers. You're listening to less nonsense.« (同上 p. 209.)

思考の落とし穴 45
不作為のワナ

Baron, Jonathan: *Thinking and Deciding*, Cambridge University Press, 1988, 1994, 2000.

Asch, D. A. et al.: »Omission bias and pertussis vaccination«, *Medical Decision Making* 14, 1994, p. 118–124.

Baron, Jonathan; Ritov, Ilana: »Omission bias, individual differences, and normality«,

Heuristics and biases beyond the laboratory «, in: Gilovich, Dale Griffin and Daniel Kahneman (Ed.): *Heuristics and Biases. The Psychology of Intuitive Judgment*, Cambridge University Press, 2002, p. 686.

»The only function of economic forecasting is to make astrology look respectable.« (John Kenneth Galbraith, http://news.bbc.co.uk/2/hi/business/4960280.stm)

トニー・ブレア元首相の予測の言葉: Buehler, Roger; Griffin, Dale; Ross, Michael: »Inside the planning fallacy: The causes and consequences of optimistic time predictions «, in: Gilovich, Thomas; Griffin, Dale; Kahneman, Daniel (Ed.) : *Heuristics and biases: The psychology of intuitive judgment*, Cambridge University Press, 2002, p. 270.

»There have been as many plagues as wars in history, yet always plagues and wars take people equally by surprise.« (Albert Camus, *The Plague*)

»I don't read economic forecasts. I don't read the funny papers.« (Warren Buffett)

ハーバード大学教授セオドア・レビットの言葉: »It's easy to be a prophet. You make twenty-five predictions and the ones that come true are the ones you talk about.« (Bevelin, Peter: *Seeking Wisdom. From Darwin to Munger*, Post Scriptum, 2003, p. 145.)

»There are 60,000 economists in the U.S., many of them employed full-time trying to forecast recessions and interest rates, and if they could do it successfully twice in a row, they'd all be millionaires by now ... as far as I know, most of them are still gainfully employed, which ought to tell us something. « (Lynch, Peter: *One Up On Wall Street*, Simon Schuster, 2000)

ピーター・リンチの言葉はたいへん的を射ている。同じ文献よりもう1つ名言を紹介しておく: »Thousands of experts study overbought indicators, oversold indicators, head-and-shoulder patterns, put-call ratios, the Fed's policy on money supply, foreign investment, the movement of the constellations through the heavens, and the moss on oak trees, and they can't predict markets with any useful consistency, any more than the gizzard squeezers could tell the Roman emperors when the Huns would attack.« (同上)

証券アナリストはあとから予測するのが得意だ: »The analysts and the brokers. They don't know anything. Why do they always downgrade stocks after the bad earnings come out? Where's the guy that downgrades them before the bad earnings come out? That's the smart guy. But I don't know any of them. They're rare, they're very rare. They're rarer than Jesse Jackson at a Klan meeting.« (Perkins, Marc: 2000 TheStreet.com)

思考の落とし穴 42

条件結合のワナ

クラウスの物語は、カーネマンとトベルスキーの「リンダの話」に手を加えたもの: Tversky, Amos; Kahneman, Daniel: »Extension versus intuitive reasoning: The conjunction fallacy in probability judgment«, *Psychological Review* 90 (4), October 1983, p. 293–331.
そのため、条件結合のワナは「リンダ問題」とも呼ばれている。

石油消費量の実験の説明は簡略化したもの。もとの実験内容は以下を参照: Tversky, Amos; Kahneman, Daniel: »Extensional versus

experimental social psychology (vol. 10), Academic Press, 1977.

演説者の実験については以下を参照: Jones, E. E.; Harris, V. A.: »The attribution of attitudes«, *Journal of Experimental Social Psychology* 3, 1967, p. 1–24.

以下も参照: Plous, Scott: *The Psychology of Judgment and Decision Making*, McGraw-Hill, 1993, p. 180 f.

思考の落とし穴 38
誤った因果関係のワナ

Dubben, Hans-Hermann; Beck-Bornholdt, Hans-Peter: *Der Hund, der Eier legt. Erkennen von Fehlinformation durch Querdenken*, rororo, 2006, p. 175 ff.

コウノトリの愉快な例も上記文献p. 181。

家庭の本の数と子どもの成績の関係についての記事は以下を参照: National Endowment for the Arts: *To Read or Not To Read: A Question of National Consequence*, November 2007.

思考の落とし穴 39
ハロー効果のワナ

経済社会におけるハロー効果について記された究極の書。ここにもシスコ社の例が掲載されている: Rosenzweig, P.: *The Halo Effect: and the Eight Other Business Delusions That Deceive Managers*, Free Press, 2007.

Thorndike, E. L.: »A constant error on psychological rating«, *Journal of Applied Psychology* IV, 1920, p. 25–29.

Nisbett, Richard E.; Wilson, Timothy D.: »The halo effect: Evidence for unconscious alteration of judgments«, *Journal of Personality and Social Psychology* 35 (4), 1977, p.250–256.

思考の落とし穴 40
別の選択肢のワナ

ロシアンルーレットの物語: Taleb, Nassim Nicholas: *Fooled by Randomness*, Random House, 2001, p. 23.

»It is hard to think of Alexander the Great or Julius Caesar as men who won only in the visible history, but who could have suffered defeat in others. If we have heard of them, it is simply because they took considerable risks, along with thousands of others, and happened to win. They were intelligent, courageous, noble (at times), had the highest possible obtainable culture in their day – but so did thousands of others who live in the musty footnotes of history.« (Taleb, Nassim Nicholas: *Fooled by Randomness*, Random House, 2001, p.34.)

»My argument is that I can find you a security somewhere among the 40,000 available that went up twice that amount every year without fail. Should we put the social security money into it?« (同上 p. 146.)

思考の落とし穴 41
予測の幻想のワナ

Tetlock, Philip E.: *How Accurate Are Your Pet Pundits?* Project Syndicate/ Institute for Human Sciences, 2006.

Koehler, Derek J.; Brenner, Lyle; Griffin, Dale: »The Calibration of Expert Judgment.

Psychology 50 (5), 1986, p. 936– 941.

Latané, B.; Williams, K. D.; Harkins, S.: »Many hands make light the work: The causes and consequences of social loafing«, *Journal of Personality and Social Psychology* 37 (6), 1979, p. 822–832.

以下も参照: Plous, Scott: *The Psychology of Judgment and Decision Making*, McGraw-Hill, 1993, p. 193.

リスキー・シフト(危険な転向)に関しては以下を参照: Pruitt, D.: »Choice shifts in group discussion: An introductory review«, *Journal of Personality and Social Psychology* 20 (3), 1971, p. 339–360 and Moscovici, S.; Zavalloni, M.: »The group as a polarizer of attitudes«, *Journal of Personality and Social Psychology* 12, 1969, p. 125–135.

思考の落とし穴 35

倍々ゲームのワナ

30日間お金をプレゼントする話: Munger, Charles T.: *Poor Charlie's Almanack*, Third Edition, Donning, 2008, p. 366.

倍々ゲームの典型的な例: Dörner, Dietrich: *Die Logik des Misslingens. Strategisches Denken in komplexen Situationen*, Rowohlt, 2003, p. 161 ff.

以下も参照: Dubben, Hans-Hermann; Beck-Bornholdt, Hans-Peter: *Der Hund, der Eier legt. Erkennen von Fehlinformation durch Querdenken*, rororo, 2006, p. 120 ff.

人口の急激な増加は1970年代にも問題になり、このときにはじめて資源の枯渇問題に関心が寄せられるようになった: Meadows, Donella H. et al.: *The Limits to Growth*, University Books, 1972. ニューエコノミーとは、1990年代に広がりを見せたインフレや資源の枯渇が起こることなく経済成長が続くと考える理論であるが、この理論は、人口の急増の問題については重要視していなかった。しかし、2007年に世界的な食糧危機が発生してからというもの、人口問題は解決していないと認識されるようになった。それどころか、世界の人口は今でも急増を続けている。

思考の落とし穴 36

勝者の呪いのワナ

勝者の呪いに関する代表的な文献: Thaler, Richard: »The Winner's Curse«, *Journal of Economic Perspectives* 1, 1988.

他人を打ち負かすことに関する文献: Malhotra, Deepak: »The desire to win: The effects of competitive arousal on motivation and behavior«, *Organizational Behavior and Human Decision Processes* 111 (2), March 2010, p. 139–146.

1万円を手に入れるために、あなたはいくら払うだろうか? スコット・プラウスによる例: Plous, Scott: *The Psychology of Judgment and Decision Making*, McGraw-Hill, 1993, p. 248.

»Warren Buffett's rule for open-outcry auctions: don't go.« *Charlie Munger on the Psychology of Human Misjudgment.* 1995年6月ハーバード大学におけるスピーチ。

思考の落とし穴 37

人物本位のワナ

スタンフォード大学の心理学者リー・ロスは人物本位のワナについてはじめて調査を行った: Ross, L.: »The intuitive psychologist and his shortcomings: Distortions in the attribution process«, in: Berkowitz, L. (Ed.): *Advances in*

もうひとつルターのエピソード。こちらからも引用: Frey, Ulrich; Frey, Johannes: *Fallstricke*, Beck, 2009, p. 40.

アッティラ王に関する実験は以下を参照: Russo, J. E.; Shoemaker, P. J. H: *Decision Traps*, Simon & Schuster, 1989, p. 6.

家屋の価値を評価する実験は以下を参照: Northcraft, Gregory B.; Neale, Margaret A.: »Experts, Amateurs, and Real Estate: An Anchoring-and-Adjustment Perspective on Property Pricing Decisions«, *Organizational Behavior and Human Decision Processes* 39, 1987, p. 84–97.

交渉、売買におけるアンカリングのワナに関しては以下を参照: Ritov, Ilana: »Anchoring in a simulated competitive market negotiation« *Organizational Behavior and Human Decision Processes* 67, 1996, p. *16–25. Reprinted in*: Bazerman, M. H. (Ed.): *Negotiation, Decision Making, and Conflict Resolution*, Vol. 2, Edward Elgar Publishers, 2005.

思考の落とし穴 32

帰納的推理のワナ

ガチョウの話は、ナシーム・タレブの著書の中にある感謝祭の七面鳥の物語に手を加えた。タレブはイギリスの哲学者バートランド・ラッセルの鶏の物語を、ラッセルはデイヴィッド・ヒュームの説明を引用した: Taleb, Nassim Nicholas: *The Black Swan*, Random House, 2007, p. 40.

帰納的推理のワナは、認知哲学における最大のテーマのひとつである。わたしたちは過去だけしか体験していないというのに、未来をどのように言い当てられるというのだろうか？　答えは、「不可能」である。帰納的推理のワナは常に不確実さを伴っている。同じことは因果関係にも言える。ある現象が何百万回観察されようと、因果関係があってその現象が起こっているかどうかは、決してわからない。デイヴィッド・ヒュームは18世紀に、このテーマをみごとに論じている。

思考の落とし穴 33

マイナスの過大評価のワナ

損失を受けると、同じ程度の利益が出たときにもたらされる喜びのおよそ2倍の苦痛を感じるということに関する研究は、以下を参照: Kahneman, Daniel; Tversky, Amos: »Prospect Theory: An Analysis of Decision under Risk«, *Econometrica* 47 (2), March 1979, p. 273.

乳がん早期発見キャンペーンの調査については以下を参照: Meyerowitz, Beth E.; Chaiken, Shelly: »The effect of message framing on breast self-examination attitudes, intentions, and behavior«, *Journal of Personality and Social Psychology* 52 (3), March 1987, p. 500–510.

わたしたちはポジティブな刺激よりもネガティブな刺激に強く反応する。以下参照: Baumeister, Roy F.: *The Cultural Animal: Human Nature, Meaning, and Social Life*, Oxford University Press, 2005, p. 201 and p. 319.

マイナスを過大評価するのは人間だけではないことが以下の研究に記録されている。サルもマイナスの過大評価のワナにはまる: Silberberg, A. et al.: »On loss aversion in capuchin monkeys«, *Journal of the Experimental Analysis of Behavior* 89, 2008, p. 145–155.

思考の落とし穴 34

社会的手抜きのワナ

Kravitz, David A.; Martin, Barbara: »Ringelmann rediscovered: The original article«, *Journal of Personality and Social*

An example is the Delaney clause of the Food and Drug Act of 1958, which stipulated a total ban on synthetic carcinogenic food additives.

思考の落とし穴 28
希少性の錯覚のワナ

Cialdini, Robert B.: *Influence: The Psychology of Persuasion*, Collins, paperback edition, 2007, p. 237 ff.

クッキーの実験に関する文献: Worchel, Stephen; Lee, Jerry; Adewole, Akanbi: »Effects of supply and demand on ratings of object value«, *Journal of Personality and Social Psychology* 32 (5), November 1975, p. 906–991.

ポスターの実験に関する文献: Baumeister, Roy F.: *The Cultural Animal: Human Nature, Meaning, and Social Life*, Oxford University Press, 2005, p. 102.

思考の落とし穴 29
基準比率の無視のワナ

モーツァルトファンの例は以下を参照: Baumeister, Roy F.: *The Cultural Animal: Human Nature, Meaning, and Social Life*, Oxford University Press, 2005, p. 206 f.

Kahneman, Daniel; Tversky, Amos: »On the psychology of prediction«, *Psychological Review* 80, 1973, p. 237–251.

以下も参照: Gigerenzer, Gerd: *Das Einmaleins der Skepsis. Über den richtigen Umgang mit Zahlen und Risiken*, 2002.

以下も参照: Plous, Scott: *The Psychology of Judgment and Decision Making*, McGraw-Hill, 1993, p. 115 ff.

思考の落とし穴 30
ギャンブラーの錯覚のワナ

ギャンブラーの錯覚は「モンテカルロの誤謬」とも呼ばれている。1913年のエピソードは以下で確認できる: Lehrer, Jonah: *How We Decide*, Houghton Mifflin Harcourt, 2009, p. 66.

IQテストの例: Plous, Scott: *The Psychology of Judgment and Decision Making*, McGraw-Hill, 1993, p. 113.

以下も参照: Gilovich, Thomas; Vallone, Robert; Tversky, Amos: »The Hot Hand in Basketball: On the Misperception of Random Sequences«, in: Gilovich, Thomas; Griffin, Dale; Kahneman, Daniel: *Heuristics and Biases*, Cambridge University Press, 2002, p. 601 ff.

思考の落とし穴 31
アンカリングのワナ

社会保険番号と回転盤の実験に関しては以下を参照: Ariely, Dan: *Predictably Irrational*, HarperCollins, 2008, Chapter 2. 以下も参照: Tversky, Amos; Kahneman, Daniel: » Judgment under Uncertainty: Heuristics and Biases«, Science 185, 1974, p. 1124–1131.

ルターの話は以下のエピソードに手を加えた: Epley, Nicholas; Gilovich, Thomas: »Putting Adjustment Back in the Anchoring and Adjustment Heuristic«, in: Gilovich, Thomas; Griffin, Dale; Kahneman, Daniel: *Heuristics and Biases*, Cambridge University Press, 2002, p. 139 ff.

ものがある(Surowiecki, James: *The Wisdom of the Crowds*, Doubleday, 2004『「みんなの意見」は案外正しい』(角川書店刊))。それは以下のようなことを指す:「平均的な人(専門家ではない人)の集まりが、驚くべきことに正しい解決方法をよく見つけ出す——とはいえ、その解決方法が奇妙な方向に向かってしまうこともある。このことは、イギリスの統計学者フランシス・ゴルトンが1907年に楽しい実験で証明している——ゴルトンが家畜の見本市を訪れると、1頭の雄牛の体重を当てるコンテストが行われていた。ゴルトンは、来場者には言い当てられないと考えていた。しかし、来場者のおよそ800の予測を分析した結果、全体の平均値(1197ポンド)は実際の雄牛の体重(1207ポンド)に驚くほど近かった——これにより、ゴルトンの予測は誤っていたことが証明された」(Jürgen Beetz: *Denken, Nach-Denken, Handeln: Triviale Einsichten, die niemand befolgt*, Alibri, 2010, p. 122.)

集団思考は参加者の相互作用で発生するのに対し、集団の知恵は、参加者が互いに独立している(たとえば、相談せずにひとりずつ個々に評価する)場合に起こる——しかし、集団の知恵が発生する場面はあまり確認されなくなってきている。同じ実験がくり返せないため、学術的に証明することはほとんどできない。

思考の落とし穴 26
確率の無視のワナ

Monat, Alan; Averill, James R.; Lazarus, Richard S.: »Anticipatory stress and coping reactions under various conditions of uncertainty«, *Journal of Personality and Social Psychology* 24 (2), November 1972, p. 237–253.

»Probabilities constitute a major human blind spot and hence a major focus for simplistic thought. Reality (especially social reality) is essentially probabilistic, but human thought prefers to treat it in simple, black-and-white categories.« (Baumeister, Roy F.: *The Cultural Animal: Human Nature, Meaning, and Social Life*, Oxford University Press, 2005, p. 206.)

わたしたちは確率を直感的に理解することはできないため、リスクも直感的にはわからない。そのせいで市場は何度も暴落し、そのたびに目に見えないリスクの姿を目の当たりにする。このことに経済専門家が気づくまでに、驚くほど長い時間を要した。これについては以下を参照: Bernstein, Peter L.: *Against the Gods, The Remarkable Story of Risk*, Wiley, 1996, p. 247 ff.

とはいえ、多くの経済専門家と投資家はまだわかっていない。価格変動率でリスクを計るのは不適切である。それでもリスクを評価するのに価格変動率が用いられている: »How can professors spread this nonsense that a stock's volatility is a measure of risk? I've been waiting for this craziness to end for decades.« (Munger, Charles T.: *Poor Charlie's Almanack*, Third Edition, Donning, 2008, p. 101.)

わたしたちがいかにリスクを(誤って)理解しているかに関する論争: Slovic, Paul: *The Perception of Risk*, Earthscan, 2000.

思考の落とし穴 27
ゼロリスクのワナ

Rottenstreich, Y.; Hsee, C. K.: »Money, kisses, and electric shocks: on the affective psychology of risk«, *Psychological Science* 12, 2001, p. 185–190.

以下も参照: Slovic, Paul et al.: »The Affect Heuristic«, in: Gilovich, Thomas; Griffin, Dale; Kahneman, Daniel: *Heuristics and Biases*, Cambridge University Press, 2002, p. 409.

思考の落とし穴 23

所有のワナ

チャーリー・マンガーのエピソードは以下を参照: Munger, Charles T.: *Poor Charlie's Almanack*, Third Edition, Donning, 2008, p. 479.

Ariely, Dan: *Predictably Irrational. The Hidden Forces that Shape Our Decisions*, HarperCollins, 2008, Chapter: »The High Price of Ownership«.

Kahneman, D.; Knetsch, Jack L.; Thaler, R.: » Experimental Test of the endowment effect and the Coase Theorem«, *Journal of Political Economy*, 98 (6), 1991, p. 1325–1348.

Carmon, Z.; Ariely, D.: »Focusing on the Forgone: How Value Can Appear So Different to Buyers and Sellers«, *Journal of Consumer Research*, Vol. 27, 2000.

»Cutting your losses is a good idea, but investors hate to take losses because, tax considerations aside, a loss taken is an acknowledgment of error. Loss-aversion combined with ego leads investors to gamble by clinging to their mistakes in the fond hope that some day the market will vindicate their judgment and make them whole.« (Bernstein, Peter L.: *Against the Gods – The Remarkable Story of Risk*, Wiley, 1996, p. 276 and p. 294.)

»A loss has about two and a half times the impact of a gain of the same magnitude.« (Ferguson, Niall: *The Ascent of Money – A Financial History of the World*, Penguin Press, 2008, p. 345.)

»Losing ten dollars is perceived as a more extreme outcome than gaining ten dollars. In a sense, you know you will be more unhappy about losing ten dollars than you would be happy about winning the same amount, and so you refuse, even through a statistician or accountant would approve of taking the bet.« (Baumeister, Roy F.: *The Cultural Animal: Human Nature, Meaning, and Social Life*, Oxford University Press, 2005, p. 319 ff.)

あることに対して労力を費やせば費やすほど、所有意識が強くなる。これをイケア(IKEA)効果と呼ぶ。イケア効果についてはダン・アリエリーのウェブサイトを参照: http://danariely.com/tag/ikea-effect/

思考の落とし穴 24

共時性の奇跡のワナ

教会の爆発のエピソードは以下を参照: Nichols, Luke: »Church explosion 60 years ago not forgotten«, *Beatrice Daily Sun*, 1. March 2010.

以下も参照: Plous, Scott: *The Psychology of Judgment and Decision Making*, McGraw-Hill, 1993, p. 164.

奇跡に関する価値ある討論: Bevelin, Peter: *Seeking Wisdom. From Darwin to Munger*, Post Scriptum, 2003, p. 145.

思考の落とし穴 25

集団思考のワナ

Janis, Irving L.: *Groupthink: Psychological Studies of Policy Decisions and Fiascoes*, Cengage Learning, 1982.

Wilcox, Clifton: *Groupthink*, Xlibris Corporation, 2010.

集団思考の反対の現象として、「集団の知恵」という支配的な人物も私有化も必要ではない。関係者が自主的につくった組織で十分運営できるとしている。とはいえ、自主組織もハーディンが主張する「マネージメント」のようなものである。その点を踏まえ、オストロムの主張はハーディンの考え方にまったく対立しているわけではない。

思考の落とし穴 20
結果による錯覚のワナ

サルのエピソードは以下を参照: Malkiel, Burton Gordon: *A Random Walk Down Wall Street: The Time-tested Strategy for Successful Investing*, W. W. Norton, 1973.

Baron, J.; Hershey, J. C.: »Outcome bias in decision evaluation«, *Journal of Personality and Social Psychology* 54 (4), 1988, p. 569–579.

外科医の例を自分でも計算してみたいという人は、数学書で「組み合わせ数学、組み合わせ理論」の項目を参考にするとよい。

以下も参照: Taleb, Nassim Nicholas: *Fooled by Randomness*, Second Edition, Random House, 2008, p. 154.

歴史家の誤謬については以下を参照: Fischer, David Hackett: *Historians' Fallacies: Toward a Logic of Historical Thought*, Harper Torchbooks, 1970, p. 209–213.

思考の落とし穴 21
選択のパラドックスのワナ

以下の2つのバリー・シュワルツの動画はTED.comで見られる。
Schwartz, Barry: The Paradox of Choice: Why More Is Less, Harper, 2004.

選択のパラドックスの問題は、本文で説明したよりも深刻である。決断にエネルギーを消耗してしまい、後に感情的な衝動を抑えようとするときに、エネルギーが欠乏してしまうことが実験で確認されている。(Baumeister, Roy F.: *The Cultural Animal: Human Nature, Meaning, and Social Life*, Oxford University Press, 2005, p. 316 ff.)

Botti, S.; Orfali, K.; Iyengar, S. S.: »Tragic Choices: Autonomy and Emotional Response to Medical Decisions«, *Journal of Consumer Research* 36 (3), 2009, p. 337–352.

Iyengar, S. S.; Wells, R. E.; Schwartz, B.: »Doing Better but Feeling Worse: Looking for the ›Best‹ Job Undermines Satisfaction«, *Psychological Science* 17 (2), 2006, p. 143–150.

»Letting people think they have some choice in the matter is a powerful tool for securing compliance.« (Baumeister, Roy F.: *The Cultural Animal: Human Nature, Meaning, and Social Life*, Oxford University Press, 2005, p. 323.)

思考の落とし穴 22
「あなたが好き」のワナ

Girard, Joe: *How To Sell Anything To Anybody*, Fireside, 1977.

»We rarely find that people have good sense unless they agree with us.« (La Rochefoucauld)

チャルディーニは、「あなたが好き」のワナについて1章まるごと割いて解説している:Cialdini, Robert B.: *Influence: The Psychology of Persuasion*, HarperCollins, 1998, Chapter 5.

affordances and habit-forming«, *Design with Intent*,2008:http://architectures.danlockton.co.uk/2008/10/01/placebo-buttons-false-affordances-and-habit-forming/

Luo, Michael: »For Exercise in New York Futility, Push Button«, *New York Times*, 27.02.2004.

Paumgarten, Nick: »Up and Then Down – The lives of elevators«, *The New Yorker*, 21.04.2008.

Sandberg, Jared: »Employees Only Think They Control Thermostat«, *The Wall Street Journal*, 15.01.2003.

思考の落とし穴 17

報酬という刺激のワナ

Munger Charles T.: *Poor Charlie's Almanack*, Third Edition, Donning, 2008, p. 450 ff.

釣り道具屋のエピソードも上記文献より p. 199。

»Perhaps the most important rule in management is: ›Get the incentives right. ‹ « (上記文献p. 451.)

»Fear professional advice when it is especially good for the advisor.« (»The Psychology of Human Misjudgment«, 上記文献p. 452.)

思考の落とし穴 18

平均への回帰のワナ

注意:平均への回帰は因果関係によるものではない。統計学上の動きを示すものである。

Kahneman: »I had the most satisfying Eureka experience of my career while attempting to teach flight instructors that praise is more effective than punishment for promoting skill-learning. When I had finished my enthusiastic speech, one of the most seasoned instructors in the audience raised his hand and made his own short speech, which began by conceding that positive reinforcement might be good for the birds, but went on to deny that it was optimal for flight cadets. He said, ›On many occasions I have praised flight cadets for clean execution of some aerobatic maneuver, and in general when they try it again, they do worse. On the other hand, I have often screamed at cadets for bad execution, and in general they do better the next time. So please don't tell us that reinforcement works and punishment does not, because the opposite is the case.‹ This was a joyous moment, in which I understood an important truth about the world.« (Quote: See Wikipedia entry *Regression Toward The Mean*)

以下も参照: Frey, Ulrich; Frey, Johannes: *Fallstricke*, Beck, 2009, p. 169 ff.

思考の落とし穴 19

共有地の悲劇のワナ

Hardin, Garrett: »The Tragedy of the Commons«, *Science* 162, 1968, p. 1243–1248.

本テーマに関するハーディンの別の文献も参照: Hardin, Garrett; Baden, John: *Managing the Commons*, San Francisco, 1977.

ノーベル経済学賞受賞者、エリノア・オストロムは著書 “*Governing the Commons: The Evolution of Institutions for Collective Action*” の中で、ハーディンが主張しているような共有地の悲劇は、必ず発生するわけではないと述べている。関係者が協力し合って組織をつくることも可能だという。その際、

Fischoff, B.: »An early history of hindsight research«, *Social Cognition* 25, 2007, p. 10–13.

Blank, H.; Musch, J.; Pohl, R. F.: »Hindsight Bias: On Being Wise After the Event«, *Social Cognition* 25 (1), 2007, p. 1–9.

思考の落とし穴 15

お抱え運転手の知識のワナ

マックス・プランクの物語: »Charlie Munger – USC School of Law Commencement – May 13, 2007«. 以下も参照: Munger, Charlie: *Poor Charlie's Almanack*, Donning, 2008, p. 436.

»Again, that is a very, very powerful idea. Every person is going to have a circle of competence. And it's going to be very hard to enlarge that circle. If I had to make my living as a musician ... I can't even think of a level low enough to describe where I would be sorted out to if music were the measuring standard of the civilization. So you have to figure out what your own aptitudes are. If you play games where other people have their aptitudes and you don't, you're going to lose. And that's as close to certain as any prediction that you can make. You have to figure out where you've got an edge. And you've got to play within your own circle of competence.« (Munger, Charlie: »A Lesson on Elementary Worldly Wisdom as It Relates to Investment Management and Business«, University of Southern California, 1994 in *Poor Charlie's Almanack*, Donning, 2008, p. 192)

思考の落とし穴 16

コントロール幻想のワナ

キリンのエピソードはクリストファー・マイヤー(Mayer, Christoper)より引用: »Illusion of Control – No One Can Control the Complexity and Mass of the U.S. Economy«, *Freeman – Ideas on Liberty* 51 (9), 2001.

カジノでサイコロを振ることに関するレポート: Henslin, J. M.: »Craps and magic«, *American Journal of Sociology* 73, 1967, p. 316–330.

Plous, Scott: *The Psychology of Judgment and Decision Making*, McGraw-Hill, 1993, p 171.

心理学者ロイ・バウマイスターは、人間は自分の病気をよく理解していると思うことで、より大きな痛みに耐えられるようになることを立証した。慢性的な病を患っている人は、医師から病名を伝えられたり、病状を説明してもらうことで、病気とうまく付き合えるようになる。伝えられる内容は真実である必要はない。治療の手立てがない場合にも効果が見られる。以下参照: Baumeister, Roy F.: *The Cultural Animal: Human Nature, Meaning, and Social Life*, Oxford University Press, 2005, p. 97 ff.

上記に関する模範的な論文: Rothbaum, Fred; Weisz, John R.; Snyder, Samuel S.: »Changing the world and changing the self: A two-process model of perceived control«, *Journal of Personality and Social Psychology* 42 (1), 1982, p.5–37.

Jenkins, H. H.; Ward, W. C.: »Judgement of contingency between responses and outcomes«, *Psychological Monographs* 79 (1), 1965.

プラシーボボタンに関しては、以下4つの記事を参照:
Lockton, Dan: »Placebo buttons, false

Theory: An Analysis of Decision under Risk«, *Econometrica* 47 (2), March 1979.

思考の落とし穴 11
イメージのワナ

»You see that again and again – that people have some information they can count well and they have other information much harder to count. So they make the decision based only on what they can count well. And they ignore much more important information because its quality in terms of numeracy is less – even though it's very important in terms of reaching the right cognitive result. We [at Berkshire] would rather be roughly right than precisely wrong. In other words, if something is terribly important, we'll guess at it rather than just make our judgment based on what happens to be easily accountable«. (Munger, Charles T.: *Poor Charlie's Almanack*, Third Edition, Donning, 2008, p. 486.)

リスクマネジメントで、企業が金融市場リスクに重点を置いてしまうのも、イメージのワナが理由である。金融に関するリスク管理のデータは大量に存在するが、経営戦略リスクに関するデータはほとんどなく、周知されていない。それを知ろうとすると、多くの企業から苦労して情報を収集しなければならない。それにはコストがかかるため、簡単に手に入る資料で予測してしまうのである。

»The medical literature shows that physicians are often prisoners of their first-hand experience: their refusal to accept even conclusive studies is legendary.« (Dawes, Robyn M.: *Everyday Irrationality: How Pseudo-Scientists, Lunatics, and the Rest of Us Systematically Fail to Think Rationally*, Westview Press, 2001, p. 102 ff.)

自らの決断が信頼できるかどうかは、それまでに下した決断（予測）がいかに適切であったか、予測がどれくらい当たったか、その数による。どれほど正確に予測が当たった、あるいは外れたかということは関係ない。これは「コンサルタントの問題」と呼ぶこともできる。以下参照: Einhorn, Hillel J.; Hogarth, Robin M.: »Confidence in judgment: Persistence of the illusion of validity«, *Psychological Review* 85 (5), September 1978, p. 395– 416.

Tversky, Amos; Kahneman, Daniel: » Availability: A heuristic for judging frequency and probability«, *Cognitive Psychology* 5, 1973, p. 207–232.

思考の落とし穴 12
「いったん悪化してからよくなる」のワナ

参考文献はない。この落とし穴は参考文献がなくても理解できる。

思考の落とし穴 13
ストーリーのワナ

Dawes, Robyn M.: *Everyday Irrationality: How Pseudo-Scientists, Lunatics, and the Rest of Us Systematically Fail to Think Rationally*, Westview Press, 2001, p. 111 ff.

Turner, Mark: *The Literary Mind: The Origins of Thought and Language*, Oxford University Press, 1998.

思考の落とし穴 14
回想のワナ

レーガンの大統領選勝利に関する文献: Stacks, John F.: »Where the Polls Went Wrong«, *Time Magazine* 1/12/1980.

数のルールを当てる実験については以下を参照:Wason, Peter C.: »On the failure to eliminate hypotheses in a conceptual task«, *Quarterly Journal of Experimental Psychology* 12 (3), 1960, p. 129–140.

»Faced with the choice between changing one's mind and proving there is no need to do so, almost everyone gets busy on the proof.« (John Kenneth Galbraith)

思考の落とし穴 8

確証のワナ(その2)

確証のワナの特別ケース、ステレオタイプ化に関する文献:Baumeister, Roy F.: *The Cultural Animal: Human Nature, Meaning, and Social Life*, Oxford University Press, 2005, p. 198 f.

思考の落とし穴 9

権威のワナ

医療行為が原因で生ずる疾患を「医原病」という。たとえば瀉血を行った結果感染症を引き起こしたり、失血量が多く死にいたるようなケース。

Cialdini: Robert B.: *Influence: The Psychology of Persuasion*, HarperCollins, 1998, p. 208 ff.

1900年以前の医師の実績については以下を参照:Arkiha, Noga: *Passions and Tempers: A History of the Humours*, Harper Perennial, 2008.

2008年の金融危機以降に、世界的な規模の予期せぬ出来事——ブラックスワン(確率論や知識や経験をもとにしても予想不可能なことで、実際に発生すると社会に大打撃を与える事象。白鳥は白いものだと信じられてきたことが、オーストラリアで黒い白鳥が発見され、それまでの常識が一気に覆された出来事に由来する呼び方)——が起こった。アラブ諸国で起こった暴動(2011年)と、日本の津波と原子力発電所事故(2011年)だ。全世界でおよそ10万人いる政治や安全保障担当の権威の中で、誰ひとりとしてこの2つの出来事を予測したものはいなかった。このことは、権威を疑うだけの十分な理由になる——特に、社会的な領域(流行、政治、経済)の「専門家」の予測は当てにならない。専門家が愚かだからではない。不運なことに、予測不可能なことを言い当てるのを職業に選んでしまっただけなのだ。彼らには2つの選択肢がある。a)「わかりません」と言ってしまう(家族を養わなければならない人には最高の決断とは言えない)。あるいは、b)ほらを吹いて自らの無能さを隠す。

Milgram, Stanley: *Obedience to Authority – An Experimental View*, HarperCollins, 1974. 「*Obedience*」(1969) というタイトルのDVDもある。

思考の落とし穴 10

コントラストのワナ

Cialdini, Robert B.: *Influence: The Psychology of Persuasion*, HarperCollins, 1998, p. 11–16.

チャーリー・マンガーはコントラストのワナを「Contrast Misreaction Tendency(対比するものに誤って反応する傾向)」とも呼んでいる。以下参照:Munger, Charles T.: *Poor Charlie's Almanack*, Third Edition, Donning, 2008, p. 448 and p. 483.

ダン・アリエリーは、コントラストのワナを「相対性」と呼んでいる。以下参照:Ariely, Dan: *Predictably Irrational, Revised and Expanded Edition: The Hidden Forces That Shape Our Decisions*, Harper Perennial, 2010, Chapter 1.

安く買うために遠くまで歩くかどうかの実験は、カーネマンとトヴェルスキーによるもの。以下参照:Kahneman, Daniel; Tversky, Amos: »Prospect

思考の落とし穴 4

社会的証明のワナ

Cialdini, Robert B.: *Influence: The Psychology of Persuasion*, HarperCollins, 1998, p. 114 ff.

Asch, S. E.: »Effects of group pressure upon the modification and distortion of judgment «, in: Guetzkow, H. (Ed.): *Groups, leadership and men*, Carnegie Press, 1951.

笑いの効果音については以下を参照: Platow, Michael J. et al. (2005): »It's not funny if they're laughing: Self-categorization, social influence, and responses to canned laughter «, *Journal of Experimental Social Psychology* 41 (5), 2005, p. 542–550.

思考の落とし穴 5

サンクコストのワナ

コンコルドに関しては以下を参照:Weatherhead, P. J.: »Do Savannah Sparrows Commit the Concorde Fallacy?«, *Behavioral Ecology and Sociobiology* 5, 1979, p. 373–381.

Arkes, H. R.; Ayton, P.: »The Sunk Cost and Concorde effects: are humans less rational than lower animals?«, Psychological Bulletin 125, 1999, p. 591– 600.

思考の落とし穴 6

お返しの法則のワナ

Cialdini, Robert B.: *Influence: The Psychology of Persuasion*, HarperCollins, 1998, p. 17 ff.

生物の共同作業によるお返しの法則(互恵関係)については、1990年以降に書かれた生物学の基本書を参考にするとよい。

ロバート・トリヴァースの理論:Trivers, R. L. (1971). *The Evolution of Reciprocal Altruism*. The Quarterly Review of Biology 46 (1): p. 35–57.

進化心理学の観点によるお返しの法則が起こる理由: Buss, David M.: *Evolutionary Psychology. The New Science of the Mind*, Pearson, 1999. 以下も参照: Baumeister, Roy F.: *The Cultural Animal: Human Nature, Meaning, and Social Life*, Oxford University Press, 2005.

思考の落とし穴 7

確証のワナ (その1)

»What Keynes was reporting is that the human mind works a lot like the human egg. When one sperm gets into a human egg, there's an automatic shut-off device that bars any other sperm from getting in. The human mind tends strongly toward the same sort of result. And so, people tend to accumulate large mental holdings of fixed conclusions and attitudes that are not often reexamined or changed, even though there is plenty of good evidence that they are wrong.« (Munger, Charles T.: *Poor Charlie's Almanack*, Third Edition, Donning, 2008, p. 461 f.)

Taleb, Nassim Nicholas: *The Black Swan*, Random House, 2007, p. 58.

»Neue Informationen stören das Bild. Wenn man einmal zu einer Entscheidung gekommen ist, so ist man froh, der ganzen Unbestimmtheit und Unentschiedenheit der Vorentscheidungsphase entronnen zu sein.« (Dörner, Dietrich: *Die Logik des Misslingens. Strategisches Denken in komplexen Situationen*, Rowohlt, 2003, p. 147.)

参考文献

「思考の落とし穴」は、ほとんどすべての種類で、何百という実験調査が行われてきた。ここではもっとも重要な言葉、専門的な情報、参考文献の紹介、解説だけにとどめた。引用は原文のまま掲載する。

思考の落とし穴 1

生き残りのワナ

Dubben, Hans-Hermann; Beck-Bornholdt, Hans-Peter: *Der Hund, der Eier legt – Erkennen von Fehlinformation durch Querdenken*, rororo, 2006, p. 238.

国債、金融市場の指数における生き残りのワナは以下を参照:Elton, Edwin J.; Gruber, Martin J.; Blake, Christopher R.: »Survivorship Bias and Mutual Fund Performance«, *The Review of Financial Studies* 9 (4), 1996.

偏ったサンプルをもとに集められた情報に関する報告:Ioannidis, John P. A.: »Why Most Published Research Findings Are False«, *PLoS Med* 2 (8), p. 124, 2005.

思考の落とし穴 2

スイマーズボディ幻想のワナ

Taleb, Nassim Nicholas: *The Black Swan*, Random House, 2007, p. 109 f.

ハーバード大学に関する考察:Sowell, Thomas: *Economic Facts and Fallacies*, Basic Books, 2008, p. 105 ff.

思考の落とし穴 3

自信過剰のワナ

Pallier, Gerry et al.: »The role of individual differences in the accuracy of confidence judgments«, *The Journal of General Psychology* 129 (3), 2002, p. 257 f.

Alpert, Marc; Raiffa, Howard: »A progress report on the training of probability assessors«, in: Kahneman, Daniel; Slovic, Paul; Tversky, Amos: *Judgment under uncertainty: Heuristics and biases*, Cambridge University Press, 1982, p. 294–305.

Hoffrage, Ulrich: »Overconfidence«, in: Pohl, Rüdiger: *Cognitive Illusions: a handbook on fallacies and biases in thinking, judgement and memory*, Psychology Press, 2004.

Gilovich, Thomas; Griffin, Dale; Kahneman, Daniel (Ed.): *Heuristics and biases: The psychology of intuitive judgment*, Cambridge University Press, 2002.

Vallone, R. P. et al.: »Overconfident predictions of future actions and outcomes by self and others«, *Journal of Personality and Social Psychology* 58, 1990, p. 582–592.

以下も参照: Baumeister, Roy F.: *The Cultural Animal: Human Nature, Meaning, and Social Life*, Oxford University Press, 2005, p. 242.

男性の自信過剰が進化の過程で重要だった理由として、以下に興味深い仮説がある: Baumeister, Roy F.: *Is there Anything Good About Men? How Cultures Flourish by Exploiting Men*, Oxford University Press, 2001, p. 211 ff.

自信過剰が健康によい影響を及ぼすという説についての議論は以下を参照:Plous, Scott: *The Psychology of Judgment and Decision Making*, McGraw-Hill, 1993, p. 217 ff. and p. 253.

Die Kunst des klaren Denkens

by Rolf Dobelli

Authorized translation from the original German language edition

published by Carl Hanser Verlag, Munich/FRG

Published by arrangement through Meike Marx Literary Agency, Japan

［著者］

ロルフ・ドベリ（Rolf Dobelli）

1966年、スイス生まれ。ザンクトガレン大学卒業。経営学博士。スイス航空子会社数社にて最高財務責任者、最高経営責任者を歴任の後、ビジネス書籍の要約を提供するオンライン・ライブラリー「getAbstract」を友人とともに設立。香港、オーストラリア、イギリスおよび、長期にわたりアメリカに滞在。科学、芸術、経済における指導的立場にある人々のためのコミュニティー「ZURICH.MINDS」を創設、理事を務める。2012年、論理的思考トレーニングコース、インターネット・アカデミー「CCADEMY」を開設。35歳から執筆活動を始め、これまでに6冊の小説を発表。ドイツの日刊紙フランクフルター・アルゲマイネ・ツァイトゥング、週刊紙ディ・ツァイト、スイスの週刊紙ゾンタークスツァイトゥングにて「思考の落とし穴」に関するコラムを連載。その他、アメリカのワシントン・ポスト紙をはじめ、エコノミスト紙、ウォール・ストリート・ジャーナル紙など、世界の有力新聞、雑誌に寄稿。スイス・ルツェルン在住。

［イラストレーター］

ビルギット・ラング（Birgit Lang）

コーブルク専門大学にて繊維デザインを学び、カナダ・トロントにて1年滞在後、修士号取得。その後、ドイツ・ハンブルクの応用科学専門学校にてイラストを学び修士号取得。以後、ドイツやスイスの週刊紙、カナダの日刊紙、マネジメント誌や女性誌など、さまざまな新聞や雑誌に寄稿。児童書、演劇・音楽プロジェクト、アニメーションの挿絵も手掛けている。国際展示会にも出展。ドイツ・ハンブルク在住。
www.birgitlang.de

［訳者］

中村智子（なかむら・ともこ）

1966年、神奈川県生まれ。法政大学法学部卒業。訳書に『宇宙に上手にお願いする法』『宇宙にもっと上手にお願いする法』『宇宙に気軽にお願いする法』『宇宙に上手にお願いする「共鳴の法則」』『宇宙に上手にお願いする人々』（いずれもサンマーク出版）など。

装　幀　　水戸部 功
本文組版　有限会社J-ART
翻訳協力　株式会社リベル
校　正　　株式会社ぷれす
編　集　　桑島暁子（サンマーク出版）

なぜ、間違えたのか？

2013年9月10日　初版印刷
2013年9月20日　初版発行

著　者　ロルフ・ドベリ
訳　者　中村智子
発行人　植木宣隆
発行所　株式会社サンマーク出版
　　　　東京都新宿区高田馬場2-16-11
　　　　電話　03-5272-3166
印　刷　株式会社暁印刷
製　本　株式会社若林製本工場

ISBN978-4-7631-3264-2 C0030
ホームページ　http://www.sunmark.co.jp
携帯サイト　http://www.sunmark.jp